¡CUÁN GRANDE ES NUESTRO DIOS!

100 DEVOCIONALES INDESCRIPTIBLES SOBRE DIOS Y LA CIENCIA

LOUIE GIGLIO

CON TAMA FORTNER

ILUSTRADO POR NICOLA ANDERSON

GRUPO NELSON
Desde 1798

NASHVILLE   MÉXICO D.F.   RÍO DE JANEIRO

CONTENIDO

INTRODUCCIÓN

¡Hola, amigo!

Soy el pastor Louie. Si leíste mi otro libro para niños, *Indescriptible,* tal vez ya me conozcas, o quizás tus padres compraron este libro porque, al igual que yo, tú quieres aprender más sobre Dios y las cosas increíbles que hace.

Pero ¿quieres saber algo que me deja boquiabierto? Es imposible que descubramos todo lo que se puede saber de Dios. Como no tiene límites, ¡siempre hay más para descubrir sobre Él! Por eso los científicos, los astrónomos, los médicos y los investigadores siempre están descubriendo cosas nuevas sobre Su creación: en las profundidades del universo y en el mundo que nos rodea. Por ejemplo, averiguar cómo algo brilla en la oscuridad. O encontrar la estrella azul supergigante llamada Rigel. O descubrir por qué un sabueso es un rastreador tan excelente.

Al igual que *Indescriptible,* el libro que tienes en tus manos contiene 100 devocionales, y cada uno se concentra en algo único e increíble que Dios creó en el universo. La Palabra de Dios, la Biblia, afirma que aunque no podemos ver a Dios con nuestros ojos físicos, podemos descubrir cómo es al ver y estudiar todo lo que ha creado (Romanos 1.20). Eso significa que toda la creación (desde las estrellas lejanas que solo el telescopio más potente puede ver hasta las células más diminutas en la uña de tu dedo chiquito del pie) nos dice algo sobre Dios.

Creo que Dios se deleita cuando concentramos nuestra mente y nuestro corazón para aprender sobre Él y lo que ha hecho. ¡Espero que estos devocionales te ayuden a hacer justamente eso! Le pedí a algunos amigos de confianza que nos acompañaran en este viaje. (¡Tal vez los recuerdes de *Indescriptible*!). Conoce a seis niños que están creciendo y aprendiendo igual que tú: Evyn, Raz, Norah, Joshua, Clarke, y Adelynn.

Cada día, leeremos juntos sobre una parte distinta de la creación de Dios, nos sorprenderemos con datos científicos, hablaremos con Dios en oración y obtendremos un conocimiento más profundo que llenará nuestro corazón y nuestra mente.

Si quieres concentrarte en aprender sobre una parte específica de la creación, siéntete en libertad de pasar directamente a ciertas partes del libro. Hablaremos sobre cuatro grandes temas:

A medida que leas, recuerda que el mismo Dios que te hizo y que conoce cada detalle sobre ti te invita a conocerlo y a aprender más sobre Él. Me alegra muchísimo que estés en esta travesía conmigo para descubrir más sobre quién es Dios. Él tiene grandes cosas preparadas para ti.

¡Disfruta de la aventura que tenemos por delante!

Pastor Louie

¡ESTO SÍ QUE ES PERFECTO!

¡Quién sabe si no has llegado al trono
precisamente para un momento como este!

—ESTER 4:14

¿Recuerdas la historia sobre Ricitos de Oro y los tres osos? Mientras
Mamá oso, Papá oso y el osito bebé salieron a caminar, Ricitos de Oro se sirvió su
comida, se sentó en sus sillas y se acostó en sus camas, y probó cada una hasta que
encontró la que era «perfecta». Aunque Ricitos de Oro podría aprender mejores
modales, podemos entender esto de la perfección en las cosas. Como sucede con
nuestra Tierra. Está en el lugar justo para la vida, un lugar al cual los científicos
llaman «la zona Ricitos de Oro», o «la zona habitable», para los que les gusta un
término más científico. La Tierra no está demasiado cerca del sol (lo cual nos

asaría de inmediato) ni demasiado lejos (lo cual transformaría a nuestro planeta en un gran helado redondo).

En la inmensidad del espacio, Dios colocó a la Tierra en el lugar perfecto para la vida. ¿Y sabes una cosa? Dios pone a cada uno de Sus hijos en el lugar perfecto, con el mismo cuidado. Como hace tanto tiempo, cuando puso a la reina Ester en el lugar perfecto para salvar a su pueblo. Puedes leer esta historia increíble en el libro de Ester, en el Antiguo Testamento.

Ahora, puedes mirar todas las estrellas (o incluso los 7.600 millones de personas en el mundo) y empezar a sentirte muy pequeño, incluso insignificante. Pero recuerda: el Dios de toda la creación te eligió para que fueras de Él, y te puso en el lugar perfecto para que tuvieras un papel importante en Su reino. Sí, tal vez seas pequeño, pero la Majestad te valora. Y el Dios de toda la creación te mandó a llamar. ¿No es sensacional?

Querido Dios, cuando empiece a sentirme poco importante, ayúdame a recordar que me hiciste a la perfección y me elegiste para ser tuyo.

¡CUÁN GRANDE!

Hay quince factores «Ricitos de Oro» distintos que hacen que las condiciones de la Tierra sean perfectas para la vida: por ejemplo, la cantidad de agua que tenemos, la influencia de la luna sobre la Tierra, nuestro lugar en la Vía Láctea, y más. Es tan increíble que la Tierra cumpla con todas estas condiciones que algunos astrónomos han estimado que la posibilidad de que haya otro planeta como el nuestro en el universo es de una en 700 quintillones... ¡o una en 700.000.000.000.000.000.000!

¡ESO ES IMPOSIBLE!

Creador del cielo y de la tierra, del mar
y de todo cuanto hay en ellos.

— SALMOS 146:6

El primer versículo de la Biblia, Génesis 1:1, nos dice que en el principio, antes de que existieran la Tierra, las personas o el cielo estrellado, Dios ya existía. El mismo versículo y los que siguen afirman que Él mismo creó los cielos y la Tierra… ¡y *la vida*! Todo lo que vemos es producto de Su creatividad.

Una de las cosas más geniales de estudiar ciencia es descubrir los detalles milagrosos de la creación de Dios: desde los cabellos finísimos de tu cabeza hasta las montañas inmensas y las estrellas infinitas.

Dios creó a los seres vivos con unos bloques de construcción fundamentales llamados *péptidos*. Cuando se unen con otros químicos, los péptidos ayudan a formar una célula, y las células son las partes básicas de todo ser vivo.

Los péptidos son tan pequeñitos que no podemos verlos sin la ayuda de unos microscopios superpoderosos. ¡Pero que sean pequeños no significa que sean simples! Cada péptido está formado de dos o más componentes químicos llamados *aminoácidos,* que tienen que unirse de la manera justa para crear la variedad de péptidos que nuestro cuerpo necesita para funcionar correctamente. La posibilidad de que esto suceda por accidente es ínfima: aproximadamente uno en 10 duodecillones, o 10.000.000.000.000.000.000

¡Los péptidos están en cada una de las 37,2 *trillones* de células que se estima que hay en tu cuerpo! Hay muchas clases distintas de péptidos, y cada una tiene una función especial para mantener tu salud general. Algunos péptidos ayudan a tus músculos a crecer y recuperarse, mientras que otros llevan mensajes por todo el cuerpo.

L-glutamina

.000.000.000.000.000.000.000. ¡Eso es un uno con cuarenta ceros atrás! ¿Te parece imposible? ¡Para Dios, no lo es!

Dios hizo los aminoácidos, los péptidos, las células y toda la creación para mostrarnos cuán grande y poderoso es. ¡Lo que es verdaderamente maravilloso es que ese mismo Dios grande que diseñó los péptidos los haya unido de la manera justa para crearte a ti!

Señor, para donde mire, veo señales de tu grandeza. ¡Gracias por tu creación maravillosa, la cual me incluye!

PERRR-FECTAMENTE FELIZ

Manténganse libres del amor al dinero, y
conténtense con lo que tienen, porque Dios ha
dicho: «Nunca te dejaré; jamás te abandonaré».

—HEBREOS 13:5

El ronroneo de un gato es uno de los sonidos más reconfortantes que existen. Pero también es un poco misterioso, porque no entendemos completamente cómo ni por qué ronronean. En general, pensamos que los gatos ronronean porque están felices y contentos. Y es verdad. Pero también lo hacen por otras razones. Una mamá gata ronronea cuando nacen sus gatitos. Las vibraciones ayudan a los gatitos, que todavía tienen los ojos cerrados, a encontrar el calor y la leche de su mamá. Los gatos también ronronean cuando están nerviosos o heridos. Los científicos creen que ronronear los calma y hasta puede ayudarlos a recuperarse más rápido de sus heridas.

Cada gato tiene su propio *rrron*-roneo. El de algunos es suave y retumbante, mientras que el de otros suena como un motor que se escucha desde lejos. No importa cuál sea la razón detrás del ronroneo, pero ha pasado a representar una sensación de felicidad.

El apóstol Pablo dijo que había aprendido el secreto de sentirse feliz y contento sin importar cuál fuera su situación. ¿Cómo? Al depender de Jesús (Filipenses 4:12-13). Confiaba que Jesús le daría todo lo que verdaderamente necesitaba... ¡y tú también puedes! Eso no significa que todo el tiempo tendrás ganas de hacer piruetas. Pero sí quiere decir que tendrás una bendición cada día. Sin embargo, tal vez tengas que levantar la mirada para recordarlo. Incluso en los peores días, tienes a un Dios que nunca te dejará y que promete suplir todas tus necesidades. ¡Qué buenas razones para ronronear!

Señor, abre mis ojos para ver todas las razones que tengo para estar feliz y contento... ¡y permíteme «ronronear» mis alabanzas y mi gratitud a ti!

¡CUÁN GRANDE!

Los gatos domésticos no son los únicos que ronronean. Los felinos más grandes, como el gato montés, el chita, el lince y hasta el puma también ronronean. Sin embargo, los felinos que rugen (como los leones, los tigres, los leopardos y los jaguares) no ronronean. Esto se debe a que el hueso en sus gargantas es demasiado duro como para vibrar, a diferencia del hueso más elástico que tienen los gatos que ronronean.

Puma

TIEMPO DE TORMENTA

[Dios] hizo las leyes para la lluvia y
trazó un camino para el rayo.

— JOB 28:26 NTV

Viento que ruge. Una lluvia torrencial. Truenos que retumban. Relámpagos que iluminan el cielo. Ya sabes a qué me refiero... ¡es una tormenta!

Científicamente hablando, una tormenta es cualquier perturbación seria de la atmósfera de la Tierra. Hay tormentas de viento, de granizo, de nieve e incluso de polvo, pero las más comunes son las tormentas eléctricas. Tienen nubes oscuras, lluvia torrencial, relámpagos, truenos y vientos fuertes. Las tormentas eléctricas se desatan cuando el aire caliente y húmedo se eleva y se encuentra con aire más frío. A medida que el aire cálido se enfría, se van formando nubes, lluvia y relámpagos. Mientras tanto, el aire más fresco desciende a la tierra y crea vientos fuertes. ¡Unas 1.800 tormentas se desatan en nuestro planeta todos los días! Y eso es sin contar todas las demás clases de tormentas. Las tormentas eléctricas, las de nieve y de polvo suelen ser violentas, a menudo peligrosas y, sin duda, aterradoras.

Pero no te preocupes. Jesús sabe una que otra cosa sobre tormentas. Una vez, caminó en medio de una tormenta en el mar, y pasó por encima de las olas enfurecidas. Ni siquiera pudieron obligarlo a ir más despacio (Mateo 14:22-23). Otra vez, durmió mientras había una tormenta, al menos hasta que Sus discípulos lo despertaron. Entonces, le dijo a la tormenta que se calmara e hiciera silencio (Marcos 4:35-41). Lo importante es que habrá tormentas en tu vida: tormentas eléctricas, tormentas de amigos, tormentas familiares, o quizás incluso una tormenta de fe. Pero debes saber lo siguiente: Jesús está listo para caminar contigo a través de esas tormentas. Así que pídele que te ayude. Estará contigo desde el primer momento en que veas nubes tormentosas hasta que el sol vuelva a salir.

¡CUÁN GRANDE!

Lago de Maracaibo

En Venezuela, hay un lugar alrededor del lago de Maracaibo, ¡donde la tormenta casi nunca termina! Durante unos trescientos días al año, los relámpagos se disparan a un promedio de veintiocho veces por minuto, ¡y a veces desata hasta 3.600 rayos por hora, o uno por segundo! Conocida como el relámpago del Catatumbo, esta tormenta es tan feroz y poderosa que puede verse desde hasta cuatrocientos kilómetros de distancia.

Querido Señor, cuando lleguen las tormentas (en el cielo, en las personas que me rodean o en mi corazón), ayúdame a recordar que estás aquí conmigo, ¡y que eres más grande que cualquier tempestad!

¡SEMILLAS QUE FLOTAN, VUELAN Y EXPLOTAN!

«Planten buenas semillas de justicia, y
levantarán una cosecha de amor».

— OSEAS 10:12 NTV

Como las plantas no van de aquí para allá, Dios les ha dado algunas maneras únicas de esparcir sus semillas. Tal vez hayas escuchado que las aves comen semillas y luego, bueno, «las dejan» en alguna otra parte. Algunas semillas se pegan al pelaje de los animales y se propagan cuando se caen. Pero hay otras plantas que son un poco más creativas a la hora de compartir sus semillas.

Por ejemplo, ¡el coco en realidad es una semilla gigante que flota! Surfeando las olas, los cocos han llevado sus semillas a islas en todo el mundo. A otras semillas, como la del diente de león o la del arce «helicóptero», les brotan alas y salen volando. El pepinillo del diablo se llena de líquido, aumenta la presión en su interior hasta que explota y desparrama sus semillas hasta llegar entre tres y seis metros de distancia. Pero tal vez el más impresionante (y peligroso) es el árbol de caja de arena. También llamado árbol dinamita, esta especie tiene vainas de semilla que son como bombas a punto de explotar. Cuando están listas, *explotan* y disparan sus semillas a 240 kilómetros por hora, ¡con un sonido similar al de un cañonazo!

Dios fue muy creativo con las plantas y sus semillas. Sin embargo, hay una clase de semilla que Él quiere que *tú* desparrames: la semilla de la bondad. Ser amable es más que simplemente sonreír y ser agradable. Hace falta valentía para ser bondadoso con el chico al que todos los demás molestan o con esa persona que es distinta de ti. Y hace falta fuerza para ser amable cuando estás cansado o cuando los demás no te tratan bien. Pero cuando plantas una semilla de bondad, esta crece... ¡y se desparrama! Cuando eres amable con alguien, eso anima a la persona a ser amable con otros, y ellos a su vez quieren ser amables con más personas y así sigue. Entonces, ¡vamos! ¡Esparce algunas semillas de bondad hoy mismo!

Señor, planta una semilla de bondad en mi corazón y permite que crezca tanto que no me quede más opción que compartirla con todos los que encuentre.

¡CUÁN GRANDE!

Al árbol de caja de arena también se lo llama «árbol que no trepan los monos», porque está cubierto de espinas filosas. La savia produce una erupción terrible y hasta ceguera temporal. ¡Incluso la han usado para fabricar dardos y flechas venenosos! Sin duda, ¡no querrás plantar uno de estos árboles en tu jardín!

¿POR QUÉ EL CiELO ES RZUL?

Dios, en el principio, creó los cielos y la tierra.

— GÉNESIS 1:1

Tal vez alguna vez hayas preguntado: «¿Por qué el cielo es azul?». Después de todo, podría haber sido violeta, verde o de un lindo tono pardo. (¿Qué color sería el *pardo* exactamente?). En realidad, el cielo no es azul. Tan solo lo vemos azul.

La verdad es que la luz del sol está formada por todos los colores del arcoíris. La luz viaja en ondas. Algunos colores de luz viajan en ondas más cortas y otros en ondas más largas. La luz también viaja en línea recta hasta que se topa con algo, como el aire, motas de polvo y vapor de agua en nuestra atmósfera.

Como el rojo, el anaranjado y el amarillo tienen ondas más largas, pasan a través de nuestra atmósfera sin chocarse con demasiadas cosas. Pero las ondas del azul y el violeta son más cortas. Se chocan con todo y se desparraman por el cielo. Como nuestros ojos no ven muy bien el violeta, vemos el azul. Entonces, para nosotros, el cielo es azul.

Con toda nuestra ciencia y tecnología, podemos descubrir las respuestas a algunas preguntas difíciles, como por ejemplo: «¿Por qué el cielo es azul?». Podemos aprender sobre las longitudes de onda y la atmósfera. Pero nunca podemos saber *todo*. A veces, simplemente tenemos que parar y decir: «¡Vaya! ¡Dios lo hizo!». El cielo es azul, el césped es verde, tú eres tú y yo soy yo porque... ¡Vaya! ¡Dios lo hizo!

Querido Dios, ayúdame a notar el cielo azul, para que pueda detenerme y exclamar: «¡Vaya! ¡Tú lo hiciste!».

¡CUÁN GRANDE!

¡El cielo no siempre es azul! Al amanecer y al atardecer, adquiere gloriosos tonos rojizos, anaranjados, rosados y violetas. Esto se debe a que, cuando el sol está más abajo en el cielo, su luz tiene que pasar por más cantidad de atmósfera. Esas ondas azules cortas se desparraman más aún... hasta que desaparecen de la vista y permiten que las ondas más largas de rojo y naranja dejen ver su esplendor.

UNA PEQUEÑA ORACIÓN

Ustedes deben orar así: «Padre nuestro que
estás en el cielo, santificado sea tu nombre».

— MATEO 6:9

Quizás alguna vez hayas visto a un insecto con aspecto santo, sentado en una rama de un árbol con las patas delanteras dobladas como si estuviera orando. Sin embargo, la mantis religiosa no está orando. Está esperando a su *presa*. La mantis religiosa es un *depredador de emboscada*. Eso significa que se sienta bien quietita, mimetizándose con las hojas y las ramas. Cuando un insecto,

un pájaro o incluso un lagarto o una rana pasan por ahí, ataca con movimientos rápidos como un rayo, ¡que harían morir de celos a un ninja! Hasta puede girar en el aire y aterrizar sobre su objetivo. La mantis atrapa a su víctima con sus poderosas patas delanteras (¡que terminan en punta!) y la clava al suelo, y a menudo empieza por comerle el cerebro. *¡Uff!* ¿No te alegra que la mantis religiosa no sea lo suficientemente grande como para pensar que *nosotros* parecemos un bocadillo apetitoso?

La mantis parece estar orando porque así la hizo Dios. Pero a ti no te hizo para que *pareciera* que estás orando. Te creó para orar de verdad. En Mateo 6, Jesús te muestra cómo hacerlo:

> Padre nuestro que estás en el cielo,
> santificado sea tu nombre,
> venga tu reino,
> hágase tu voluntad
> en la tierra como en el cielo.
> Danos hoy nuestro pan cotidiano.
> Perdónanos nuestras deudas,
> como también nosotros hemos perdonado
> a nuestros deudores.
> Y no nos dejes caer en tentación,
> sino líbranos del maligno. (vv. 9-13)

¡CUÁN GRANDE!

Dios escucha cuando oras... es una de Sus promesas (1 Juan 5:14-15). Le importa lo que quieres y lo que es importante para ti. Y cuando tus oraciones concuerdan con lo que Él quiere para ti, ¡pueden pasar cosas increíbles! ¿Quieres una prueba? Empieza un diario de oración y anota las cosas por las que ores. Después, ¡observa y escucha cómo Dios te responde!

La oración no es difícil ni complicada. No hace falta ningún movimiento ninja. Se trata de concentrarse en quién es Dios y en lo que hace. Es decirle lo que necesitamos y escuchar hasta que responda... y Él siempre responde.

Señor, gracias por el regalo de la oración, y por escucharme siempre.

¡HASTA LOS ELEFANTES TiENEN HiPO!

No devuelvan mal por mal ni insulto por insulto;
más bien, bendigan, porque para esto fueron
llamados, para heredar una bendición.

—1 PEDRO 3:9

Es cierto, incluso los elefantes tienen hipo. Los perros, los leones y los puercoespines también. (¡Qué problema espinoso!). De hecho, todos los mamíferos tienen hipo. Pero las personas lo sufren más que los animales... y los bebés más que todos. ¡Tienen hipo incluso antes de nacer!

El hipo sucede cuando el músculo debajo de tus pulmones, el *diafragma,* se contrae de repente al mismo tiempo que tus cuerdas vocales se cierran y generan el conocido ¡hic! El hipo puede suceder cuando te ríes con fuerza, comes demasiado rápido o bebes algún líquido con gas. Pero también hay hipos misteriosos sin causa aparente.

El hipo puede ser molesto y a veces hasta doloroso, y no tiene una cura infalible. Hay trucos como contener la respiración, comer una cucharada de mantequilla de maní o respirar en una bolsa, que a veces funcionan, ¡y otras no! El hipo es una de esas cosas que no se pueden controlar.

Como las personas. Tampoco se puede controlar a las personas. Eso significa que, a veces, los demás no te tratarán bien. Tal vez te molesten, te digan cosas terribles o te intimiden. Pero Dios no quiere que devuelvas mal por mal. Si alguien te lastima, no lo lastimes para vengarte. Sé amable. Ora por esa persona. Pide la ayuda de algún adulto. Y recuerda: tal vez no puedas controlar a los demás o al hipo, pero *sí* puedes controlar tus acciones.

Señor, cuando otras personas me traten mal, ayúdame a recordar a Jesús y cómo Él amaba a todos, incluso a los que lo odiaban. Después, ayúdame a mostrar la misma clase de amor y bondad a los demás.

¡CUÁN GRANDE!

La mayoría de las veces, el hipo dura unos pocos minutos, pero Charles Osborne tuvo un caso de hipo que duró desde 1922 hasta 1990. ¡Esos son 68 años de hipo! Tenía hipo entre 20 y 40 veces por minuto. ¡Los médicos estiman que hipó más de 430 millones de veces en su vida!

MÁS BRILLANTE QUE EL SOL

[Cristo] es la imagen del Dios invisible.

— COLOSENSES 1:15

A unos 800 años luz de la Tierra, se encuentra una estrella brillante llamada Rigel. Es lo que los científicos llaman un supergigante azul. *Azul* porque arde con extremo calor, dos veces más fuerte que el sol. *Supergigante* porque, bueno, es gigantesca: unas 73 veces más grande que nuestro sol. Y es brillante. ¡Es *40.000 veces más brillante* que nuestro sol! Además, Rigel genera alrededor de 100.000 veces más energía que el sol. ¡Espera! ¡No me da la cuenta! ¿De dónde salen los otros 60.000? Esa energía viene de la luz ultravioleta, que es invisible. «Verás» (je, je), la mayor cantidad del poder de Rigel es invisible... en ese sentido, se parece a nuestro Dios.

La realidad es que ninguna persona ha visto a Dios (Juan 1:18). En Éxodo 33:20, Dios incluso dijo: «no podrás ver mi rostro, porque nadie puede verme y seguir con vida». A veces, Dios aparecía en una zarza ardiente, una nube o como un hombre o un ángel... como cuando habló a Abraham y luchó con Jacob. Moisés vio la espalda de Dios mientras Él pasaba por allí (Éxodo 33:22-23).

Sin embargo, es posible conocer la «apariencia» de Dios al mirar a Jesús, porque Él fue Dios hecho hombre (Juan 1:1, 14). La Escritura afirma que Jesús es «la imagen del Dios invisible» (Colosenses 1:15), y que vino a la tierra para mostrarnos cómo es Dios. La Biblia nos cuenta todo sobre Él. No nos dice cuál era el color de Sus ojos o de Su piel, pero sí las cosas importantes como Su amor y bondad, cómo ayudaba a las personas y cuánto amaba a Dios, Su Padre. Su carácter tiene un brillo que resplandece más que Rigel.

Querido Dios, abre mi corazón a tu Palabra, para que pueda ver cómo eres en verdad. Y después, ayúdame a parecerme más a ti.

¡CUÁN GRANDE!

Rigel y la Nebulosa Cabeza de Bruja

Un año luz es la distancia que viaja la luz en un año: 19,46 billones, o 9.460.000.000.000, de kilómetros! Imagínate una regla tamaño espacio estelar. La luz viaja rápido, moviéndose por el espacio a 299.000 kilómetros por segundo. Se estima que nuestra galaxia, la Vía Láctea, tiene unos 100.000 años luz de lado a lado, pero estudios recientes indican que puede llegar a 200.000 años luz de ancho. Compara eso con el sol, que «tan solo» está a unos 149.000.000 de kilómetros de distancia. ¡Eso no llega ni a un año luz!

10

HOGAR DULCE HOGAR

Amados hermanos en Cristo, les hablo
como si ustedes fueran extranjeros y
estuvieran de paso por este mundo.

—1 PEDRO 2:11 TLA

Los animales, incluso los más pequeños, construyen lugares increíbles donde vivir. Los hogares de los insectos van desde viviendas estilo departamento hasta rascacielos y cabañas acogedoras para uno. A las abejas obreras les gusta

vivir juntas en una comunidad grande. Trabajan juntas para construir su hogar con una cera que se fabrica en sus propios estómagos. Las abejas la mastican y la escupen de manera que crea el panal estilo edificio de departamentos donde viven. A la termita de la catedral, en Australia, también le gusta vivir en comunidad. Usa arcilla y arena para construir rascacielos para insectos que pueden alcanzar casi ocho metros de altura... ieso es probablemente más alto que tu casa! Por otro lado, el grillo enrollador de hojas prefiere vivir solo. ¿Sabes dónde duerme? Envuelto en una hoja, la cual cierra bien ajustada con un hilo sedoso.

Cera masticada, arena y arcilla, hojas enrolladas... Dios les dio a los animales algunos lugares creativos para vivir. ¿Dónde está tu hogar? No me refiero solo al departamento o la casa donde vives, sino al lugar donde tu corazón se siente en casa. Tal vez sientas que no encajas aquí en la Tierra, ipero eso está bien! Dios dice que somos visitantes aquí, y que todo el pecado y el mal que ves en este mundo debería ponerte incómodo. Como hijo de Dios, tu verdadero hogar está en el cielo, donde ya no habrá pecado, ni dolor ni tristeza. Y Él tiene un lugar listo para ti.

Señor, gracias por prepararme un hogar celestial. Ayúdame a transformar este mundo en un lugar mejor... uno que se parezca un poco más al cielo.

¡CUÁN GRANDE!

En 1 Pedro 2:12, leemos: «Procuren llevar una vida ejemplar entre sus vecinos no creyentes» (NTV). ¿Cómo puedes ayudar a otros a conocer a Dios, y a encontrar su hogar verdadero en el cielo, al llevar una vida ejemplar? ¿Qué puedes hacer hoy para mostrarle a alguien quién es Dios y cómo lo ama? ¿A quién puedes ayudar? No tiene por qué ser algo grande. Simplemente, tiene que hacerse con amor.

O-O-OZONO

El ozono es una molécula pequeñita de gas con un trabajo muy importante. Es como un primo del oxígeno, el gas que respiramos. Pero, mientras que el oxígeno tiene dos átomos de oxígeno pegados juntos, el ozono tiene tres. El ozono es de color azul y tiene un olor desagradable. Es más, la palabra *ozono* viene de un vocablo griego que significa «oloroso».

El ozono se encuentra principalmente en la atmósfera superior de la Tierra y envuelve el planeta como un gran escudo. Nos protege de los rayos ultravioletas peligrosos y ardientes del sol. Sin él, esos rayos llegarían a la Tierra y causarían toda clase de problemas terribles en la piel y los ojos, ¡además de marchitar todas nuestras plantas!

Así como la capa de ozono envuelve la Tierra, la bondad de Jesús te envuelve y te protege del pecado. Verás, todos pecamos. Todos hacemos cosas que Dios no quiere que hagamos. A veces, por accidente, pero otras veces, no. Lo peor de todo sobre el pecado es que «quema» nuestra relación con Dios. ¡Pero Dios no quiere que eso suceda! Por eso envió a Jesús. Cuando crees que Jesús es el Hijo de Dios y lo sigues, Su bondad te envuelve, como si fuera el ozono que envuelve la Tierra. Te protege de los efectos terribles del pecado y repara tu relación con Dios (Isaías 61:10). ¡Es la mejor noticia de todas!

El *ozono* también se forma cuando la electricidad (como los relámpagos) pasa con rapidez por el aire. Por eso, justo antes o después de una tormenta, tal vez notes un olor extraño. Es más, la «fábrica» más grande de ozono en el mundo es la tormenta eléctrica de Catatumbo. Puedes leer más al respecto en la página 13.

Señor, dondequiera que vaya, y haga lo que haga, sé que estás siempre conmigo, cuidándome y protegiéndome, ayudándome a hacer lo correcto. Gracias por ser mi fuerza y mi escudo.

HOY SALIÓ LA LUNA

Y dijo Dios: «¡Que haya luces en el
firmamento que separen el día de la
noche; que sirvan como señales de las
estaciones, de los días y de los años!».

— GÉNESIS 1:14

La luna es más que una roca grande y polvorienta que cuelga en el cielo. Nos da olas en los mares y días de 24 horas. Evita que tengamos demasiado calor o demasiado frío. Y se asegura de que recibamos la cantidad justa de sol. ¿Cómo? La *gravedad*. La luna tiene gravedad. No es tan fuerte como la de la Tierra, pero sí influye sobre ella. Crea *mareas,* que son el aumento y el descenso de los océanos que sucede todos los días. La gravedad de la luna también hace que la Tierra gire más lento, para que nuestros días duren 24 horas; si no fuera así, ¡el día duraría unas seis horas! (Imagina: si los días tuvieran solo seis horas, un año tendría más de 1.000 días. ¡Esos son muchos días extras de escuela!).

La influencia de la luna también mantiene a la Tierra con una perfecta inclinación en el espacio, a 23,5 grados. Sin la luna, la Tierra no tendría inclinación, y casi nunca veríamos el sol. O quizás se apoyaría sobre un lado, como Urano. Entonces, tendríamos 42 años de luz solar seguidos de 42 años de oscuridad. Sin la luna, la vida sobre la Tierra sería bien distinta. Es más, ¡probablemente no habría vida!

Nada de esto sucedió por accidente. Dios puso la luna en el lugar justo para que nos diera las condiciones perfectas para la vida. Todas las piezas de la creación de Dios funcionan juntas, tal como Él lo diseñó.

¿Sabías que la Tierra tiene dos lunas? Bueno, no exactamente. La «segunda luna» de la Tierra en realidad es un asteroide, pero gira alrededor de la Tierra igual que la luna. El asteroide (al cual lo llaman con afecto asteroide 2016 HO3) mide entre 36 y 92 metros. El 27 de abril de 2016, lo descubrieron por primera vez unos científicos en Hawái.

Señor, gracias por la Tierra, por la luna y por cómo hiciste que todo funcione bien junto. ¡Eres maravilloso!

NO TE RECALIENTES

El necio da rienda suelta a su ira,
pero el sabio sabe dominarla.

—PROVERBIOS 29:11

En un día caluroso de verano, probablemente hayas notado algo mojado que te cae por la cara. Se llama *sudor*, y es el aire acondicionado que viene incluido con tu cuerpo. El sudor viene de los *dos a cuatro millones* de glándulas sudoríparas que tienes por todo el cuerpo. La mayoría se encuentra en tus manos, tus pies y tu rostro. Verás, el cuerpo necesita mantenerse a unos 37 grados centígrados para

cumplir con sus funciones necesarias, como respirar, digerir alimentos y fabricar nuevas células. Pero si estuviste haciendo ejercicio o hace mucho calor afuera, tu cuerpo puede calentarse demasiado y enfermarse. Entonces, tu cerebro le dice a tu cuerpo que es hora de enfriarse, y las glándulas de sudor empiezan a funcionar y a fabricar un líquido acuoso que sale por los poros (o aberturas pequeñísimas) en tu piel. A medida que el sudor se evapora en el aire, enfría tu piel. Genial, ¿no?

Pero nuestros cuerpos no son los únicos que pueden recalentarse... ¡nuestro estado de ánimo también! Es fácil permitir que las pequeñas cosas nos hagan enojar, como por ejemplo, que se nos vuelque la leche durante el almuerzo, que se nos caiga el lápiz quince veces o que nos mojemos toda la cara cuando abrimos el grifo. Sin embargo, el enojo no resuelve el problema. En general, ¡lo empeora! ¿Qué puedes hacer para «enfriarte»? Respira hondo y haz una oración breve. Pídele a Dios que te ayude a calmarte y que te muestre qué hacer a continuación... como por ejemplo, limpiar la leche, levantar el lápiz *otra vez* y secarte la cara. Aprender a dejar que Dios te ayude a mantener la calma durante las pequeñas cosas hace que sea más fácil no encenderte con enojo cuando otras más grandes aparecen.

Señor, cuando pequeñas (y grandes) cosas me quieran hacer enojar, ayúdame a mantener la calma. En cambio, recuérdame que te pregunte qué debo hacer.

¡CUÁN GRANDE!

¿Te cuento algo loco? ¡El sudor de los hipopótamos es *rosado*! Unas glándulas especiales que tienen en la piel sueltan un líquido aceitoso y rosado/rojizo que a veces se llama «sudor de sangre». Sin embargo, ese sudor no sirve para refrescarlos. Es un antibiótico y una pantalla solar, todo en uno. Al parecer, ¡los hipopótamos tienen la piel muy sensible!

¡SUMÉRGETE!

Yo me regocijo en tu promesa como
quien halla un gran botín.

—SALMOS 119:162

Un *cenote* es una clase especial de pozo. Cuando el techo de una cueva subterránea se derrumba, crea un agujero. Si se llena de agua (de lluvia o de algún arroyo subterráneo), se transforma en un cenote.

La Península de Yucatán en México tiene miles de cenotes. Es más, la mayor parte del agua de la zona viene de ahí. Eso explica por qué estos cenotes eran

tan importantes para los antiguos mayas que vivían allí. *Cenote* viene de una palabra maya que significa «pozo sagrado». Hoy en día, estos estanques se suelen usar para nadar y bucear. Los arqueólogos que se sumergen en sus profundidades han descubierto fósiles de mamuts, perezosos, jaguares gigantes y hasta camellos, junto con pedazos de oro, jade y piezas de cerámica. Y, por supuesto,

Cenote en México

están todos los tesoros naturales de las cuevas, las estalactitas y las estalagmitas. Cuando te sumerges en un cenote, ¡quién sabe qué tesoro podrás encontrar!

Se parece un poco a la Palabra de Dios. Cuando te sumerges en ella, siempre sales con algún tesoro. Tal vez sea algo sobre Dios que no sabías. O quizás, la respuesta a un problema difícil que has estado enfrentando. O puede ser una promesa que te recuerde cuánto te ama Dios. A diferencia de otros libros, las palabras de la Biblia cobran vida por el poder del Espíritu Santo (Hebreos 4:12), lo cual significa que siempre habrá un tesoro esperándote cuando te sumerjas en su interior.

Señor, gracias por el tesoro de la Biblia. Por favor, enséñale a mi corazón a querer sumergirse en sus tesoros cada día.

¡CUÁN GRANDE!

Antes de sumergirte en la Palabra de Dios, ora pidiéndole al Señor que te muestre el tesoro que Él quiere que encuentres. Después, intenta buscar alguna de estas cosas: una verdad sobre quién es Dios, una promesa que Él tenga para ti o algo que desee que hagas. Lee 1 Juan 4:8, Filipenses 4:19 y Mateo 22:39 para empezar a recolectar Sus tesoros.

COLOR DE ROSA

> Piensen en todo lo que es verdadero, en
> todo lo que merece respeto, en todo lo que
> es justo y bueno; piensen en todo lo que
> se reconoce como una virtud, y en todo lo
> que es agradable y merece ser alabado.
>
> —FILIPENSES 4:8 TLA

¿Alguna vez escuchaste ese dicho: «Somos lo que comemos»? Bueno, ¡sí será verdad para los flamencos! Estas bellísimas aves son altas, de piernas largas y... ¡rosas! Pero, aunque no lo creas, los flamencos no nacen de color rosa. Cuando son bebés, sus plumas tienen un color gris claro. Entonces, ¿cómo se vuelven rosados? Por lo que comen. Verás, los flamencos comen principalmente camarones y cierta clase de algas que tienen mucho *betacaroteno*. El betacaroteno es un pigmento (una sustancia que da color) de un tono naranja rojizo. Como los flamencos comen tanto de este pigmento, ¡les termina coloreando las plumas! Si los flamencos cambiaran y empezaran a comer insectos y semillas, como la mayoría de los pájaros, sus plumas dejarían de ser rosadas.

¿Sabías que tú también eres lo que comes? Bueno, no es probable que te vayas a volver rosado, pero todo lo que entra en tu cuerpo (lo que escuchas, lo que ves y las cosas en las que piensas) se transforma en parte de lo que eres. Por ejemplo, es fácil canturrear una canción sin pensar en lo que estás diciendo, pero ¿sabes lo que dice esa canción en realidad? ¿A Dios le agradaría escucharla? Todo eso que miras en televisión o esos videos breves de Internet... ¿le gustarían a Dios? ¿Qué me dices de los libros que lees? Recuerda que, una vez que

viste o escuchaste algo, no hay vuelta atrás. Pasa a formar parte de tu cerebro y a colorear tu persona. ¡Así que ten cuidado con lo que dejas entrar!

Señor, ayúdame a tener cuidado con las cosas que escucho, miro y leo. Que todo lo que «trago» sea agradable para ti.

¡CUÁN GRANDE!

Esos mismos pigmentos de betacaroteno que hacen que las plumas de un flamenco sean rosadas, ¡también pueden teñir de naranja la nariz de un bebé! ¡Así es! El betacaroteno también se encuentra en las zanahorias, los duraznos y las batatas. Si los bebés comen mucho estos alimentos, se les pone anaranjada la nariz... pero solo hasta que empiezan a comer otras cosas.

¡TE ESTÁS MOViENDO!

Por tanto, vayan y hagan discípulos de todas
las naciones, bautizándolos en el nombre
del Padre y del Hijo y del Espíritu Santo.

— MATEO 28:19

Así es, ¡te estás moviendo! ¿Qué dices? ¿Que estás sentado leyendo este libro? Bueno, sí... y no. Tal vez *creas* que estás sentado y quieto, pero en realidad, estás sobre un planeta que gira a unos 1.600 kilómetros por hora (más o menos, según la zona donde vivas). ¡Es más rápido que la velocidad del sonido! Pero

eso no es todo. Mientras estás girando, este planeta, al cual llamamos Tierra, también viaja alrededor del sol a unos 108.000 kilómetros por hora. Y al mismo tiempo, la Tierra, el sol y todo nuestro sistema solar giran en torno al centro de la galaxia Vía Láctea, a unos 724.000 kilómetros por hora. (¿Te sientes un poco mareado?).

Sin duda, ¡te estás moviendo! Pero Dios tiene planes más grandes para ti que ir volando por el espacio. Él también quiere que tu fe esté «en movimiento». Mira lo que dice en Mateo 28:19: «vayan y hagan discípulos de todas las naciones». Después, en Marcos 16:15, dice: «Vayan por todo el mundo y anuncien las buenas nuevas a toda criatura». *Vayan.* Muévanse. Háblenle al mundo sobre Dios y cuéntenle que envió a Jesús para salvarnos. Es cierto, el mundo es un lugar muy grande. Pero Dios te hizo y te colocó en el lugar justo para que fueras parte de Su historia. Eso empieza contigo y con las personas que encuentras cada día. Así que muévete... y dile al mundo que te rodea cuán increíble es tu Dios.

¡CUÁN GRANDE!

Galaxia Vía Láctea

A la Tierra le lleva unas 24 horas dar una vuelta entera, o completar una *rotación*. Le lleva unos 365 días dar la vuelta alrededor del sol. Pero los científicos creen que harían falta 230 millones de años para que la Tierra, el sol y nuestro sistema solar dieran una vuelta alrededor de la Vía Láctea, nuestra galaxia. A ese viaje se lo llama un *año cósmico*.

Señor, quiero ir y contarle al mundo cuán maravilloso eres, pero a veces me da un poco de miedo. Por favor, dame la valentía para poner mi fe «en movimiento» para ti.

UNA PAUSA PARA OLER LAS ROSAS

Dios miró todo lo que había hecho, y
consideró que era muy bueno.

— GÉNESIS 1:31 NLT

No hay otro aroma como el de las rosas. Pero ¿qué tienen las rosas que las hace oler tan bien? Es un pequeño químico llamado óxido de rosa, que en realidad son cuatro químicos distintos en uno. Estos cuatro químicos están organizados en el orden perfecto para darle a la rosa su maravilloso aroma «rosáceo»: un poco dulce, un poco frutal y un poco mentolado, con un toque de naranja-limón. Si los químicos estuvieran en un orden apenas diferente, el aroma no sería el mismo.

Los científicos dicen que las rosas y otras plantas producen su perfume para atraer a insectos que las fertilicen. Pero esa no es la única razón por la cual Dios hizo que Su creación (las rosas y todo lo demás) fuera tan maravillosa. La creación de Dios nos habla de Él.

Los cielos muestran Su gloria (Salmos 19:1). Las maravillas de la naturaleza nos hablan de que tiene que haber un Creador (Romanos 1:20). Y las flores, tan hermosas para ver y oler, nos muestran que Dios se ocupa de las pequeñas cosas, incluso de las cosas que florecen hoy y mañana ya no están (Mateo 6:28-30).

La creación de Dios lo alaba (Salmos 96:11-12). Entonces, ¿por qué no nos unimos a ella? Únete a los árboles que cantan de alegría (Salmos 96:12). Mira los cielos y grita que el Señor es glorioso. Observa las flores y entiende que Él se preocupa por las cosas más pequeñas de tu vida. ¡Vamos! Deja tu teléfono, el juego y, sí, incluso este libro por unos minutos. Sal afuera y disfruta de las maravillas de la creación de Dios. Haz una pausa y huele esa rosa... Él la hizo para ti.

Señor, gracias por los pequeños detalles de este mundo maravilloso que creaste. Enséñame a ver algo increíble en él cada vez que abra los ojos.

¡CUÁN GRANDE!

El dicho «La rosa no dejaría de ser rosa ni de esparcir su aroma aunque se llamara de otra manera» viene de la obra de teatro *Romeo y Julieta*, de William Shakespeare. Significa que algo es especial por lo que es, no por cómo se llama. Entonces, ¿qué otros nombres tiene una rosa? Bueno, en inglés, es *rose*, en chino, es *méiguī*, y en japonés, *bara*.

LA MEJOR MEDICINA

Gran remedio es el corazón alegre.

— PROVERBIOS 17:22

No importa si tienes una risita finita o si te ríes a carcajadas; la risa es un idioma que todo el mundo habla. No hace falta que aprendas a reír. Es una habilidad que ya tienes al nacer. Los bebés empiezan a reírse cuando tienen apenas unos tres meses de edad... mucho antes de que aprendan a decir *mamá* o *papá*.

La verdadera risa es una de esas cosas que suceden sin darnos cuenta. Algo te resulta gracioso, y antes de que puedas pensar en que es gracioso, tu cerebro te hace reír. Sin embargo, es imposible *obligarse* a reír de verdad. (Vamos, pruébalo). Además, la risa es contagiosa. Si escuchas a alguien reírse, lo más probable es que también empieces a reír. Algunos incluso afirman que la risa te puede sanar, como los remedios. Los científicos no están seguros, pero sí sabemos que es divertido reírse, que te ayuda a hacer amigos y te hace sentir bien.

La risa es un regalo de Dios. Sana nuestro corazón y nos da alegría. Dios incluso nos dice que hay un tiempo para reír (Eclesiastés 3:4). Sin embargo, hay una gran diferencia entre reír *con* alguien y reírse *de* alguien. No uses la risa como un arma para lastimar a los demás o hacerles mal. Siempre intenta tratar a los demás como quieres que te traten (Lucas 6:31)... iy a nadie le gusta que se rían de él! La risa es un regalo para compartir. Una historia graciosa y una buena risa pueden ser la medicina justa que necesita un amigo durante un día difícil. Recuerda: las palabras y las acciones (sí, incluso la risa) siempre tienen que estar llenas de amor y bondad... iy eso no es ningún chiste!

Señor, gracias por el regalo de la risa. Ayúdame a usarla de manera que te haga sonreír, y que pueda llevar a otros la alegría que me has dado.

¡CUÁN GRANDE!

No hay nada como una guerra de cosquillas para desatar la risa. Pero aquí tienes una pregunta: ¿puedes hacerte cosquillas a ti mismo? Resulta ser que no. Gran parte de la razón por la cual te ríes cuando te hacen cosquillas es que te toman por sorpresa. Si te haces cosquillas a ti mismo, tu cerebro ya sabe lo que viene. No te sorprende, ¡entonces no sientes cosquillas!

PRIMAVERA, VERANO, OTOÑO E INVIERNO

Hay una temporada para todo, un tiempo
para cada actividad bajo el cielo.

—ECLESIASTÉS 3:1 NTV

Primavera y verano, otoño e invierno... ya sabes cuáles son las estaciones, pero ¿alguna vez te preguntaste *por qué* las tenemos? Esto se debe a que la Tierra no está derecha en el espacio. Está un poquito inclinada... 23,5 grados, para ser exactos. Así que, mientras la Tierra hace su viaje de 365 días alrededor del sol, la cantidad de luz solar que cae sobre cada parte de la Tierra cambia un poco cada día. Los lugares que reciben más luz solar tienen verano y primavera, y los lugares que reciben menos luz tienen otoño e invierno. Como la Tierra siempre se está moviendo, las estaciones siempre están cambiando. Cuando hace un frío intenso durante el invierno, ¡puedes estar seguro de que la calidez del verano viene en camino! Es más, ¡ya está en alguna parte de la Tierra!

Las estaciones no son lo único que cambia constantemente. De hecho, todo en la Tierra está cambiando. Las familias cambian, las escuelas y los trabajos cambian, los amigos cambian... ¡incluso tú cambias! A veces, puede ser difícil saber si puedes contar con algo, ¡porque todo parece cambiar constantemente! Pero recuerda lo siguiente: Dios nunca cambia. No. Nunca. Él es el mismo hoy que era ayer, y será el mismo mañana también (Hebreos 13:8; Santiago 1:17). Así que cuando dice que te ama (Juan 3:16) y que siempre estará cuando lo necesites (Mateo 28:20; Deuteronomio 31:6), sabes que es verdad; sea primavera o verano, otoño o invierno. Las estaciones van y vienen, pero Dios siempre permanece igual.

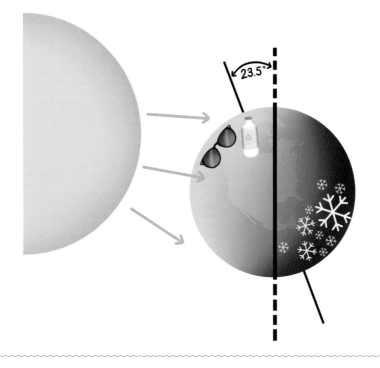

¡CUÁN GRANDE!

¿Sabías que cuando es verano en Norteamérica, en Australia es invierno? Esto se debe a que, durante una mitad del año, la mitad superior de la Tierra (o *Hemisferio Norte*) está más inclinada hacia el sol, así que tiene las estaciones más cálidas de la primavera y el verano. Al mismo tiempo, la mitad inferior (o *Hemisferio Sur*) está inclinada hacia el lado contrario del sol, y tiene otoño e invierno. Durante la otra mitad del año, la Tierra se inclina hacia el lado opuesto, ¡y las estaciones se invierten!

¡CUÁNTO PODER!

Tuyos son, Señor, la grandeza y el poder,
la gloria, la victoria y la majestad. Tuyo es
todo cuanto hay en el cielo y en la tierra.

—1 CRÓNICAS 29:11

Cuando escuchas la palabra *poder*, tal vez pienses en un rey, en alguien que tiene poder para gobernar y controlar a otros. O quizás te imagines un fisicoculturista, que tiene el poder de levantar pesas pesadas. Tal vez incluso pienses en la electricidad que con su poder acciona todo, desde lamparitas hasta teléfonos inteligentes. Pero en la ciencia de la física, «poder» significa «potencia». La potencia

describe la rapidez con la cual usas la energía. Por ejemplo, para *caminar* a lo largo de una cancha de fútbol hace falta la misma energía que para *correr* a lo largo de la misma cancha. Pero correr es más rápido. Entonces, tiene más potencia. Esta es la clase de poder que hace que las cosas sucedan.

No importa de qué clase de poder estemos hablando, Dios las tiene todas. Él es el rey del universo y puede controlar todo, desde las estrellas hasta las tormentas. Tiene el poder para mover montañas, océanos y galaxias. Creó el poder del relámpago y puede sostenerlo en Sus manos (Job 36:32). En cuanto al poder para hacer que las cosas sucedan, nadie es más poderoso que nuestro Dios. ¿Qué fue lo más grande que hizo? Un camino al cielo. No podemos llegar ahí por nuestro propio poder. Pero con el poder de Dios, ¡sí podemos!

Señor, nadie es más poderoso que tú. Gracias por derramar tu poder sobre mi vida, por ayudarme a vivir como tú quieres y por abrir un camino para que vaya al cielo.

¡CUÁN GRANDE!

¿Alguna vez escuchaste el término *caballo de fuerza*? Se usa para describir cuánta potencia tiene una máquina; en especial, un auto. Isaac Watt fue el primero en crear esta medida, en el siglo XVII. Quería ayudar a los granjeros a entender cuánta potencia tenía su locomotora de vapor en comparación con el poder de un caballo. Un caballo de fuerza es la cantidad de potencia necesaria para mover 250 kilogramos 30 centímetros en un segundo. El auto de carrera promedio de NASCAR tiene entre 800 y 1.000 caballos de fuerza.

21

LINDO VENENO

No hay verdad en [el diablo]. Cuando miente,
expresa su propia naturaleza, porque es
un mentiroso. ¡Es el padre de la mentira!

— JUAN 8:44

**Con sus brillantes alas anaranjadas y negras, la mariposa monarca es
hermosa y... ¿*venenosa?*** Bueno, al menos lo es para las aves y los lagartos que
se la quieren comer.

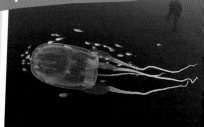

Las monarcas adultas ponen sus huevos sobre la planta de algodoncillo, que es venenosa. De los huevos nacen las orugas, las cuales se comen la planta. Pero en vez de matar a las orugas, el veneno pasa a ser parte de su cuerpo, incluso cuando se transforman en mariposas. Así que cualquier pájaro en busca de un bocadillo rápido y colorido se lleva una fea sorpresa. El veneno no mata al pájaro, pero lo descompone. Como las monarcas son tan fáciles de reconocer, los pájaros aprenden rápidamente a no comerlas.

Las monarcas no son las únicas cosas lindas que resultan ser venenosas. El pecado también puede ser venenoso. Eso es porque a Satanás le gusta disfrazar el pecado de colores lindos para intentar engañarte a que lo pruebes. Por ejemplo, Satanás tal vez disfrace una mentira como una manera fácil de obtener lo que quieres. O quizás intente lograr que no obedezcas alguna regla haciéndote pensar que solo te estás divirtiendo con tus amigos. Tal vez haga que una película que no te hará bien parezca algo que te hará reír. Hasta puede hacer que las drogas parezcan una forma de encajar con los demás. Sin embargo, las mentiras llevan a más mentiras, y romper las reglas lleva a amistades rotas. Esa película que parecía tan graciosa puede plantar palabras y pensamientos desagradables en tu mente. ¿Y las drogas? ¡Pueden destruir toda tu vida! Así que antes de probar eso tan lindo que parece bueno, habla con Dios primero. Pídele que te muestre si en realidad se trata de veneno disfrazado.

Sin duda alguna, la criatura más letal en la tierra o el océano es la avispa de mar. Su cuerpo puede llegar a tener el tamaño de una pelota de baloncesto, pero sus tentáculos crecen hasta 3 y 4,5 metros... y tiene 60 tentáculos. Cada uno está recubierto de células urticantes. La avispa de mar simplemente va nadando por ahí, esperando que alguna presa quede atrapada en sus tentáculos. Si una persona quedara enredada en esos tentáculos, ¡podría morir en tan solo cuatro minutos!

Querido Dios, enséñame a ver las cosas como son en verdad, y a no dejarme engañar por los venenos disfrazados de Satanás.

47

MÁS ALLÁ DEL ARCOÍRIS...
¿MONTAÑAS?

El Señor tu Dios es el Dios verdadero, el Dios fiel,
que cumple su pacto generación tras generación.

—DEUTERONOMIO 7:9

Cuando veas las Montañas Arcoíris en China, tal vez pienses que estás soñando. ¡Pero no te pellizques! Estas montañas con brillantes rayas de colores son absolutamente reales.

Se formaron cuando distintas capas de piedra arenisca y minerales se fueron fusionando bajo tierra... y después salieron a la superficie cuando las placas *tectónicas* que hay debajo de la superficie se movieron. Los colores del arcoíris se crearon cuando los distintos minerales dentro de la piedra arenisca tocaron el aire y se *oxidaron*... lo mismo que le sucede a tu bicicleta si la dejas afuera mucho tiempo. Distintos minerales se «oxidaron» hasta tomar diferentes colores, ¡dándonos las Montañas Arcoíris!

Esas montañas de los colores del arcoíris tal vez te recuerden otro arcoíris: el que Dios le dio a Noé por primera vez. ¿Conoces la historia? La gente se había vuelto tan malvada que ya nadie pensaba en la bondad ni en Dios. Excepto Noé. Noé amaba a Dios con todo su corazón. Así que cuando Dios envió un diluvio para destruir a las criaturas pecaminosas que llenaban la Tierra, salvó a Noé y a su familia. Cuando las aguas se secaron, Dios prometió no volver a enviar un diluvio sobre toda la Tierra. Y le dio a Noé una señal de Su promesa: el arcoíris. Ahora, siempre que veas un arcoíris, en el cielo o sobre una montaña, puedes recordar no solo la promesa de Dios a Noé sino *todas* Sus promesas. Porque son tus promesas también. Y Dios cumplirá cada una de ellas. ¡Así de grande es nuestro Dios!

Un *arcoíris lunar* es como un arcoíris pero creado por la luz de la luna en lugar de la luz solar. Los arcoíris lunares son muy inusuales. Cuando aparecen, suelen hacerlo cerca de alguna cascada. Los arcoíris lunares se pueden ver en las Cataratas Cumberland en Kentucky y en las Cataratas Victoria en África cuando hay luna llena.

Querido Dios: los colores de este mundo son maravillosos. Pero más increíbles son tus promesas para mí... y sé que cumplirás cada una de ellas.

49

¿LA MÉDULA QUÉ?

La *médula oblongada* es algo que suena gracioso pero que es muy importante. Es la parte de tu cerebro que se encuentra justo encima de tu columna vertebral, y actúa como una especie de servicio de mensajería. Verás, tu cerebro envía mensajes para decirle al resto de tu cuerpo lo que tiene que hacer. Al mismo

médula
oblongada

tiempo, tu columna vertebral envía mensajes en respuesta al cerebro, informando lo que el cuerpo está haciendo. Todos esos mensajes pasan a través de la médula.

La médula también controla el latido de tu corazón, tu presión arterial y la respiración. A estas se las llama *funciones autónomas:* todo lo que tu cuerpo hace sin pensar. Imagina si tuvieras que decirle al corazón que lata constantemente. O a tus pulmones, que inhalen y exhalen el aire. La médula se ocupa de todo esto por ti, incluso de cosas como toser, estornudar y tragar.

¿Alguna vez te pusiste a pensar en todas las cosas que Dios hace por ti? Como por ejemplo, darte aire para respirar y el sol para que te despiertes cada mañana. Cuando haces una pausa y cuentas cuántas bendiciones tienes, ¿cuentas también los dedos que usas para contarlas? ¿O la capacidad para saber cómo contar? ¿O la voz que usas para contar en voz alta? La grandeza de Dios y Sus regalos nos rodean por todas partes... ¡recuerda darle gracias por cada una de ellas!

Querido Dios, ¡me has bendecido de más maneras de las que puedo contar! Muéstrame algo nuevo por lo que pueda darte gracias cada día.

¡CUÁN GRANDE!

Ya escuchaste que se ha dicho: «Cuenta tus bendiciones». Y probablemente hayas hecho listas con todas las cosas por las que puedes dar gracias. Esta vez, prueba algo distinto. Haz una lista de los regalos que Dios te ha dado, e incluye al menos una cosa que no puedas ver, una cosa que uses todo el tiempo y otra por la que nunca se te ocurrió dar gracias a Dios.

DIME QUE ES MENTIRA

Señor mi Dios, [...] ¡tú eres Dios, y tus promesas son fieles!

—2 SAMUEL 7:28

Los elefantes toman agua a través de la trompa, como si fuera una pajilla. Los murciélagos son tan ciegos como... bueno, como un murciélago. La avestruz se esconde metiendo la cabeza en la arena. Tocar a un sapo te produce verrugas. Los toros arremeten con fuerza cuando ven el color rojo.

¿Cuántos de estos «datos curiosos» escuchaste alguna vez? ¡Resulta ser que no son ciertos! Los verdaderos hechos son los siguientes: los elefantes toman agua solo hasta cierta parte de la trompa, y después la vierten en sus bocas. Los murciélagos usan mayormente el sonido para conducirse, pero también pueden ver. Las

avestruces no esconden la cabeza en la arena, aunque pueden dejarse caer en el suelo y hacerse las muertas. No, no te da verrugas si tocas un sapo. Los toros *sí* arremeten al ver el color rojo, pero también el azul, el verde, el amarillo... cualquier color, siempre y cuando se mueva.

Escuchamos algunas cosas con tanta frecuencia que terminamos pensando que tienen que ser ciertas. Pero la realidad es que, a este mundo (y al diablo que va y viene por él) le gusta mentir. Te repite una y otra vez cosas como: *No eres importante, No le interesas a nadie, No eres lo suficientemente bueno,* o *Tienes que enfrentar tú solo tus problemas.* ¡No lo creas! Ármate de las verdades de Dios al leer la Biblia cada día. Descubrirás cuán especial eres, que alguien te ama muchísimo y que nunca estás solo. Así, no te verás tentado a creer mentiras.

¡CUÁN GRANDE!

Mira algunas de las verdades más poderosas de Dios para ti. Dios te creó y sabe todo sobre ti (Salmos 139:13-14). Dios te ama muchísimo (Juan 3:16 y 1 Juan 3:1). Dios nunca te deja solo para que enfrentes tus problemas ni para que festejes cuando estás alegre (Mateo 28:20 y Josué 1:5).

Señor, escucho muchas cosas distintas sobre quién soy y quién eres tú. Ayúdame a recordar que siempre tengo que buscar la verdad en tu Palabra. Sé que nunca me mentirás. ·

DE OTRO MUNDO

[Dios] reina sobre la bóveda de la tierra,
cuyos habitantes son como langostas. Él
extiende los cielos como un toldo, y los
despliega como carpa para ser habitada.

—ISAÍAS 40:22

¿Alguna vez te preguntaste cómo sería ser astronauta? El espacio es muy distinto que la Tierra, así que vivir en el espacio también es diferente. Primero que nada, en el espacio no hay aire, así que los astronautas tienen que llevar oxígeno en sus naves espaciales. Para trabajar afuera, en el espacio, tienen que ponerse un traje especial.

Además, no hay gravedad en el espacio, así que los astronautas no pesan nada... ¡y flotan! Parece divertido, pero en la Tierra, la gravedad nos ayuda a saber para qué lado es «arriba». En el espacio, ¡los astronautas no saben si están parados, de costado o incluso al revés! Eso te puede dar sensaciones raras en la panza... como si estuvieras en una montaña rusa. Incluso dormir una siesta es una experiencia distinta. Cuando los astronautas duermen en el espacio, ¡tienen que atarse a algo para no quedar flotando por ahí!

En el espacio, no hay aire ni gravedad, pero ¿sabes qué hay? Dios. Él está aquí en la Tierra y allí en el espacio, y está en todas partes. Su presencia llena hasta el rincón más lejano del universo, así como también el rincón de tu corazón, todo al mismo tiempo. Así de maravilloso es Dios. ¿Qué significa esto para ti? Significa que cuando sientas que estás patas para arriba —ya sea que estés en una montaña rusa, en una nave espacial o en una situación muy incómoda y no sepas qué hacer—, Dios está ahí mismo contigo. Átate a Él. El Señor te mostrará para dónde está «arriba», para dónde ir y qué hacer.

Señor, los pensamientos en mi mente no alcanzan para describir lo grande que eres. Me creaste, hiciste esta Tierra y cada estrella que hay en el espacio. ¡Eres maravilloso!

¡CUÁN GRANDE!

Los astronautas comen toda clase de alimentos, desde macarrones con queso hasta helado deshidratado por congelación. Pero hay algunas cosas que no pueden comer, como galletas dulces, saladas y pan. ¿Por qué? Porque las migas terminarían flotando por ahí y metiéndose en los equipos o en los ojos de los astronautas. Así que, en cambio, ¡los astronautas comen tortillas! Pueden ponerles sal y pimienta, pero en forma líquida.

LLUEVA O TRUENE

[Su Padre] hace que salga el sol sobre malos y
buenos, y que llueva sobre justos e injustos.

—MATEO 5:45

Extremo. Significa que algo es totalmente fuera de lo común. Como los desiertos
y las selvas tropicales.

Los desiertos reciben menos de 250 milímetros de lluvia por año. Las películas
de Hollywood muestran los desiertos como lugares secos y calurosos, con kilómetros y kilómetros de dunas... y a veces, son así. Pero los desiertos también pueden

ser rocosos, o incluso fríos y con hielo, como los desiertos de la Antártida y del Polo Norte.

Por otro lado, las selvas tropicales reciben más de 1.900 milímetros de lluvia al año. Ahora bien, probablemente estés pensando en selvas tropicales como el Amazonas, pero hay selvas tropicales en todo el mundo, en lugares como Asia, Australia y Estados Unidos. Las selvas tropicales suelen ser calurosas y húmedas, y están llenas de toda clase de plantas y vida animal.

Los desiertos y las selvas tropicales son lugares extremos, pero la vida también puede ser extrema. Hay días en los que parecería que estás en una selva tropical, y llueven bendiciones a baldazos. Otros días se parecen más a un desierto, ¡sin una gota de felicidad a la vista! Y cuando estás teniendo un día «de desierto» es *muy* difícil entender por qué ese niño que te trató tan mal sigue empapado de bendiciones. Pero recuerda lo siguiente: Dios ama a todos, incluso a los que no lo aman. Las bendiciones pueden ser Su manera de llamarles la atención, para que aprendan a creer en Él. En cuanto a tus días de «desierto», Dios promete usarlos para tu bien (Romanos 8:28)… ¡y eso es una bendición!

El valle seco Taylor, en la Antártida

El pueblito de Mawsynram en India tiene el honor de ser el lugar más lluvioso del mundo. ¡Recibe un promedio de 11.800 mililitros de lluvia cada año! Pero los valles secos de la Antártida son (ya adivinaste) el lugar más seco de la Tierra, ¡con un promedio de lluvia anual de *cero*!

Señor, no entiendo por qué a las personas malas les suceden cosas buenas, y a las personas buenas les pasan cosas malas. Pero sé que me amas y que siempre me bendices… llueva o truene.

EL BUEN FRUTo

Vivan de manera digna del Señor, agradándole
en todo. Esto implica dar fruto en toda buena
obra, crecer en el conocimiento de Dios.

— COLOSENSES 1:10

Cuando pensamos en un fruto, nos imaginamos algo delicioso y bueno
para nosotros, pero ¿qué es en realidad? Bueno, el fruto se forma a partir
de la flor de una planta. Tiene la función de contener las semillas. El fruto cubre
las semillas y las protege hasta que están listas para crecer y transformarse en
una nueva planta.

Cuando escuchas la palabra *fruto*, probablemente imagines la clase que crece en los árboles. Y muchos frutos crecen así, como las manzanas, las naranjas y los duraznos. Pero hay frutas como la sandía, el melón y las uvas que crecen en enredaderas, y otros, como las frambuesas y las frutillas, que crecen en arbustos o plantas pequeñas.

También están los frutos que crecen en tu vida. Bueno, no es la clase de fruto que se come. En cambio, es la clase que crece de tu corazón. Si en tu corazón no hay amor de Jesús, los frutos serán malos, como el enojo, el egoísmo y el odio. Pero si tu corazón está lleno del amor de Jesús, los frutos serán buenos. Incluirán el fruto del Espíritu del cual habla Gálatas 5:22-23. Y tu fruto se transformará en buenas obras. ¿Quieres saber si estás dando buenos frutos? Hazte las siguientes preguntas: ¿Ayudaste a alguien hoy? ¿Te pareces un poquito más a Jesús hoy que ayer? ¿Estás ayudando a otros a parecerse más a Jesús? Si puedes contestar que sí, ¡estás dando muy buen fruto!

Señor, llena mi corazón con Jesús, ¡para que mi vida rebalse de tus buenos frutos!

¡CUÁN GRANDE!

Cuando piensas en el verano, tal vez te imagines mordiendo una frutilla bien dulce. Esta fruta deliciosa se cultiva en los cincuenta estados de Estados Unidos y en las diez provincias de Canadá. Pero aunque se las suele incluir en la familia de las bayas, en realidad no lo son, ya que tienen sus 200 semillas en la parte externa de la piel. No obstante, esta fruta tan deliciosa tiene su propio museo en Bélgica: el Museo de la Frutilla.

28

EL INCREÍBLE OSO HORMIGUERO

Toma control de lo que digo, oh
Señor, y guarda mis labios.

—SALMOS 141:3 NTV

Adivina qué come el oso hormiguero. ¿Qué? ¿Cómo lo sabías? Sí, el oso hormiguero come hormigas... y a veces, termitas. Pero en general, hormigas. Hay diferentes clases de oso hormiguero, pero el más conocido es el oso hormiguero gigante. Vive en Centroamérica y Sudamérica, y puede crecer hasta alcanzar unos dos metros de largo. Pero por más grande que sea, el oso hormiguero tiene una boca pequeñita, de apenas dos o tres centímetros de ancho.

El oso hormiguero tiene garras bien afiladas para desarmar los hormigueros y los troncos podridos para sacar los insectos que se encuentran en su interior.

Pero lo que es verdaderamente maravilloso es su lengua. Larga y finita como un espagueti, la lengua del oso hormiguero puede medir más de medio metro... la más larga entre los animales. ¡El oso hormiguero puede meter y sacar la lengua de la boca hasta 160 veces por minuto! Además, es pegajosa, ¡lo cual le ayuda a sorber hasta 30.000 hormigas y termitas al día!

Un oso hormiguero puede hacer mucho daño con esa lengua. Y aunque tu lengua no mida más de medio metro de largo, también puede hacer mucho daño... a las personas que te rodean. Por eso, la Biblia dice que tenemos que ser rápidos para escuchar y lentos para hablar (Santiago 1:19). Es importante pensar en lo que vas a decir antes de decirlo. Antes de hablar, intenta hacer esta pruebita: ¿Lo que vas a decir es verdad? ¿Sirve para algo? ¿Es amable? Si no lo es, ¡es un buen momento para darle un descanso a tu lengua!

Señor, ayúdame a pensar antes de hablar, para que todo lo que diga te honre y bendiga a los demás.

¡CUÁN GRANDE!

Los osos hormigueros son excelentes nadadores. ¡Usan su hocico largo como un tubo de buceo! Y sus garras afiladas de diez centímetros de largo no solo le sirven de herramientas para cavar, sino que también lo ayudan a defenderse de pumas y jaguares.

CICLOS Y CICLOS

Somos colaboradores al servicio de Dios.

—1 CORINTIOS 3:9

Probablemente hayas visto o andado alguna vez en un monociclo, pero ¿alguna vez escuchaste hablar del ciclo hidrológico? No, no es un monociclo para el agua. (Aunque sería divertido, ¿no?).

El ciclo hidrológico es la manera en que el agua se mueve por la Tierra. Es como un círculo gigante, sin principio ni fin. El agua líquida se almacena en océanos, ríos, arroyos e incluso charcos de lodo. Cuando el sol calienta la superficie del agua, el agua se eleva hacia el cielo en forma de vapor. A eso se lo llama *evaporación*. El vapor se enfría y se transforma en pequeñas gotitas de agua. A eso se lo llama *condensación*. Las gotitas se unen para formar nubes, las cuales envían el agua de regreso a la Tierra en forma de lluvia, nieve, aguanieve o granizo. A eso se lo llama *precipitación*. La precipitación riega las plantas y se junta en los océanos, los ríos y los arroyos. Después, el ciclo vuelve a empezar.

El agua en todas sus formas es muy importante. Necesitamos agua líquida para beber, vapor para formar nubes y hielo para mantener nuestro planeta en la temperatura adecuada. Cada forma del agua tiene una tarea distinta, algo similar a nosotros como hijos de Dios. También tenemos tareas importantes que hacer para Dios. Algunas de estas tareas son diferentes, pero todas son importantes (1 Corintios 12:12-27). Y lo bueno es que Dios te dará todo lo que necesites para hacer la tarea que tiene para ti (Hebreos 13:20-21). Si quiere que animes a alguien, te dará un corazón tierno... y te pondrá cerca a personas que necesiten ánimo. Si quiere que ayudes a alguien, te dará la fuerza y la valentía para hacerlo. Y si quiere que seas un escritor, te dará las palabras. ¿No es sensacional?

Querido Dios, gracias por la manera única en que me hiciste, y por los dones que me has dado. Ayúdame a usarlos para mostrarle al mundo quién eres.

¡CUÁN GRANDE!

Cuando bebes un trago de agua del grifo, ¿alguna vez piensas en cuánto tiempo tiene esa agua? Como el ciclo hidrológico es el mejor ejemplo del reciclado, ¡a esa agua podría haberla bebido algún presidente importante del pasado, o tal vez incluso un dinosaurio la haya salpicado!

¡INCREÍBLE!

Que toda la gloria sea para Dios, quien puede
lograr mucho más de lo que pudiéramos
pedir o incluso imaginar mediante su
gran poder, que actúa en nosotros.

—EFESIOS 3:20 NTV

En 2013, Tiny Meeker estableció un récord mundial de levantamiento
de pesas de banco, al levantar 500 kilos. ¡Es lo mismo que pesa un búfalo!
Los deportistas deben entrenar sus cuerpos para hacer cosas maravillosas. Pero
tu cuerpo hace algunas cosas increíbles todos los días:

- Tu nariz puede recordar alrededor de un billón de aromas distintos.
- Tu corazón late 100.000 veces por día y 36.500.000 veces por año.
- Tu cuerpo está formado por miles de millones de células, y cada una tiene su propio trabajo.
- Tus nervios le envían mensajes a tu cerebro a una velocidad de unos 400 kilómetros por hora... iy los autos de carrera llegan tan solo a 320 kilómetros por hora!

Jesús dijo que el mandamiento más importante de todos es: «Ama al Señor tu Dios con todo tu corazón, con todo tu ser, con todas tus fuerzas y con toda tu mente» (Lucas 10:27). Tu desafío para hoy (iy para todos los días!) es mostrar tu amor por Dios de las cuatro maneras. ¿Cómo puedes amarlo con todo tu corazón, alabarlo con tu alma, servirlo con tus manos y tus pies y aprender algo sobre Él en tu mente?

Dios le dio a tu cuerpo algunas habilidades espectaculares. Y creo que lo hizo para que supieras cuán poderoso y creativo es. Sin embargo, itodas estas cosas increíbles que tu cuerpo puede hacer son apenas el principio! Lo más poderoso sucede dentro de tu corazón. Cuando decides seguir a Dios, Él se pone a trabajar en tu vida, ayudando a hacer más de lo que podrías imaginar. Cosas difíciles, como amar a las personas gruñonas y perdonar a los demás. Cosas útiles, como servir. Y cosas realmente geniales, como hablarles a otros del Señor.

Pero Dios no solo obra *con poder* en tu vida, sino también de forma *creativa*. Eso significa que la manera en que amas y sirves a Dios y que hablas de Él puede ser *completamente* distinta de la de otra persona. Ya sea que cantes, pintes, hornees galletas o barras las hojas secas de tu vecino (o un millón de maneras distintas), Dios te ayudará a usar tu vida para mostrarles a los que te rodean cuánto los ama el Señor. iDios es así de increíble!

Señor, ¡qué grande eres! Me diste un cuerpo maravilloso. Enséñame a usar mis manos, mis pies, mi cerebro, mi corazón y mi alma para servirte. ¡Ayúdame a reflejar tu poder ante el mundo que me mira!

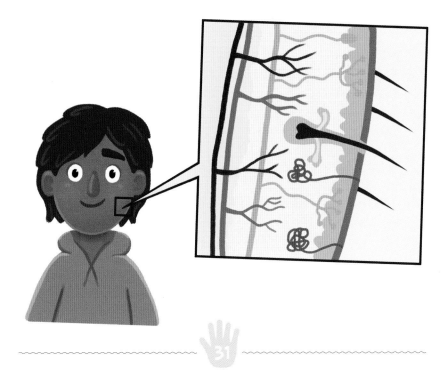

¡TOTALMENTE NUEVO!

Por lo tanto, si alguno está en Cristo,
es una nueva creación. ¡Lo viejo ha
pasado, ha llegado ya lo nuevo!

—2 CORINTIOS 5:17

Mira tu mano un momento. No solo está sosteniendo un libro. En realidad, está muy ocupada fabricando nuevas células de piel. La capa superior de la piel (la parte que ves) se llama *epidermis,* y está formada de células epiteliales, o de la piel. ¡Muchas y muchas! Los científicos creen que tienes alrededor de 1,6 billones de células epiteliales en todo el cuerpo, según cuán grande seas, claro. En la parte inferior de tu epidermis, se fabrican nuevas células epiteliales constantemente. En alrededor de un mes, llegan hasta la parte superior de la epidermis. Cuando alcanzan la superficie, mueren rápidamente y se caen. Es más, pierdes unas 30.000 a 40.000 células muertas por minuto. Así que, en el tiempo que te llevó leer este párrafo, probablemente ya perdiste unas 35.000 células epiteliales. ¡No te preocupes! Tu cuerpo reemplaza las células muertas con células nuevas con la misma rapidez. ¡Con razón te sientes cansado!

Tu piel no es la única parte de ti que Dios está haciendo nueva. Cuando decides seguirlo, Dios toma tu corazón, tu mente y tu espíritu y empieza a transformarlos en algo nuevo. No pasa de la noche a la mañana... ni siquiera en un mes. Es un cambio que sucede a lo largo de tu vida. Pero cada día, Dios te ayuda a desprenderte de todo lo viejo, lo «muerto» y lo egoísta que era parte de ti. En cambio, te enseña a ser más como Jesús, a compartir el amor y la alegría de Dios con todos los que te rodean.

Dios, por favor ayúdame a librarme de mi vieja forma de ser. Ayúdame a parecerme más a Jesús.

¡CUÁN GRANDE!

Todos los años, pierdes unos tres kilos y medio de células muertas de tu piel. ¿Adónde van? Bueno, ¿viste todo ese polvo que hay en tus estanterías, en las mesas y en las fotografías? ¡Está formado mayormente por células muertas de la piel! ¡Se podría decir que vas dejando un poquito de ti por todas partes!

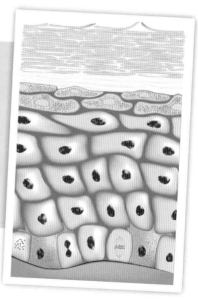

A DEFENDERSE

El Señor presentará batalla por ustedes.

—ÉXODO 14:14

Las plantas tienen enemigos de muchas formas y tamaños... desde pequeños insectos que van comiendo pedacitos de hojas, hasta animales más grandes que se comen hojas enteras o toda la planta.

Sin embargo, las plantas no pueden salir corriendo para escapar del peligro, entonces, ¿cómo se defienden? Algunas plantas tienen pequeñas púas parecidas a un pelaje sobre sus hojas, que ayudan a mantener alejados a los insectos. Otras, como las rosas, tienen espinas, que son básicamente ramas súper afiladas. Y otras, como el cactus, tienen espinas más grandes y gruesas, que espantan a los animales.

Hay otras plantas que usan un sistema químico de defensa. Sus hojas pueden parecer sabrosas, pero apenas un animal le da una mordida... ¡Puaj! Se da cuenta de que es demasiado amarga como para comer. Incluso puede ser venenosa. Algunas sueltan una savia pegajosa que atrapa y mata a cualquier insecto que intente comerlas. Las plantas tal vez no puedan dar un puñetazo ni un golpe de karate a sus enemigos, pero Dios les dio maneras de defenderse.

Tú también tienes un enemigo: el diablo. Él anda por todas partes como un león rugiente, buscando a alguien a quien devorar (1 Pedro 5:8). Lo que más le gustaría es tragarse tu esperanza, despedazar tu fe y destrozar tu amor por Dios. Pero, al igual que a las plantas, Dios no te deja sin defensa. Es más, ¡promete pelear por ti! Lo único que necesitas hacer es enfrentar al diablo al confiar en Dios... y él huirá de ti (Santiago 4:7).

Dios, sé que el diablo es real y que quiere alejarme de ti. Pero confiaré en que pelearás por mí y me mantendrás a salvo del mal que quiere hacerme. ¡Gracias por prometerme que me protegerás!

¡CUÁN GRANDE!

Es una plantita con un nombre gracioso... ¡pero cuidado! El gimpi gimpi, que crece en Australia, no es para tomarlo en broma. Sus hojas en forma de corazón están cubiertas de pelitos que se clavan en cualquiera que tenga la mala suerte de tocar esta planta. Las víctimas dicen que es como si te electrocutaran y te quemaran con ácido... ¡todo al mismo tiempo! Es más, ¡el veneno es tan poderoso que incluso hojas secas que tienen 100 años pueden picar!

69

33

¡MAGNETOSFERA PRESENTE!

Dios es fiel, y no permitirá que ustedes sean
tentados más allá de lo que puedan aguantar.
Más bien, cuando llegue la tentación, él les dará
también una salida a fin de que puedan resistir.

—1 CORINTIOS 10:13

Magnetosfera. Parece algún superhéroe de tiras cómicas, ¿no? Bueno, a su manera, la magnetosfera *es* un héroe, ya que nos protege de los peligros del sol.

Verás, el sol no solo da luz y calor. Además, ¡arroja material cargado de electricidad a una velocidad de 450.000 kilómetros por hora! A esto se lo llama *viento solar*. La magnetosfera es como una burbuja magnética gigante que envuelve la Tierra y atrapa esos pedacitos de materia. Sin ella, el viento solar golpearía nuestra atmósfera con toda su fuerza. Con el tiempo, nuestra atmósfera se iría desgastando, y toda la radiación ultravioleta del sol caería sobre nosotros. No alcanzaría todo el protector solar del mundo para protegernos. Igualmente, no importaría, ¡porque no quedaría vida sobre la Tierra para proteger! La magnetosfera es tan solo una de las maneras maravillosas en que Dios nos cuida.

Los vientos solares no son los únicos peligros de los que necesitamos protección. Habrá días cuando las tentaciones te ataquen como una ráfaga de viento solar. Tal vez empieces a pensar: *Todo el mundo se copia en los exámenes*, o *Nadie se dará cuenta*, o *Es tan solo una mentirita*. Sin protección, las tentaciones pueden desgastarte. Pero las promesas de Dios te envuelven en Su burbuja protectora. Habla con Él y dile lo que te está tentando. Cuando la tentación intente atraparte, Dios promete ayudarte a escapar.

Señor, me asombra cómo nos proteges de peligros que ni siquiera vemos. Te ruego que me protejas de las tentaciones... de las que veo y las que no veo.

¡CUÁN GRANDE!

¿Sabías que la Tierra es en realidad un imán gigante? ¡Ajá! Y el Polo Norte y el Polo Sur son los lugares más magnéticos, mientras que el ecuador es el menos magnético. Muchas clases de animales pueden percibir ese magnetismo y lo usan para ayudarlos a desplazarse. Algunos, como la rata topo, lo usan para orientarse y saber dónde están las cosas. Otros, como las mariposas monarca y las ballenas, lo usan para viajar largas distancias.

Rata topo

71

34

IR CON LA CORRIENTE

¿Qué busco con esto: ganarme la aprobación
humana o la de Dios? ¿Piensan que procuro
agradar a los demás? Si yo buscara agradar
a otros, no sería siervo de Cristo.

— GÁLATAS 1:10

Todos la hemos sentido. Esa presión de seguir a la multitud, de encajar, de hacer lo que hacen todos los demás. Se llama *presión de los pares*. Y los humanos no somos los únicos que la sentimos. Algunos animales también sienten esta presión. Los monos sudafricanos cambian de alimento cuando pasan a formar parte de un

nuevo grupo... incluso si esa comida no les gustaba antes. En un grupo de ballenas en Nueva Inglaterra, una ballena empezó a golpear el agua con la cola antes de juntar peces para comer. Al tiempo, varias ballenas le copiaron el gesto. Las ratas pardas y los chimpancés también siguen a los demás cuando intentan descubrir cómo lograr que los alimenten.

Es natural querer encajar. A veces, está bien ir con la corriente, pero otras veces, no. Como cuando te sientes presionado a hacer algo que no quieres hacer. (¡No, iordenar tu habitación no cuenta!). O cuando los demás quieren que hagas algo que sabes que está mal o que es peligroso. Ya sea burlarse de alguien porque todos los demás se están burlando o probar alcohol o alguna droga, hay veces en las que necesitas ponerte firme ante los demás y decir que no. Tu objetivo es agradar a Dios, no a los chicos de tu equipo ni a los más populares de la escuela. Dios quiere que seas como Jesús, no como los demás. Y, ¿quién sabe? Cuando te pares firme y hagas lo correcto, ital vez alguien te copie!

Querido Dios, ayúdame a pensar menos en agradar a las personas y más en agradarte a ti. Ayúdame a seguirte incluso cuando esa no sea la decisión más popular.

¡CUÁN GRANDE!

Probablemente hayas jugado alguna vez a «Sigue al líder», ipero nunca lo jugaste de esta manera! EL 10 de noviembre de 2015, en Salt Lake City, Utah, en Estados Unidos, 768 personas se unieron para jugar la partida más grande del mundo de Sigue al líder. iImagina estar al final de esa fila!

Y UNO, Y DOS...

Porque tú eres grande y haces
maravillas; ¡solo tú eres Dios!

—SALMOS 86:10

Como vivimos aquí en la Tierra, solemos pensar que el sol es una estrella extraordinaria. Pero la verdad es que, en comparación con otras estrellas, nuestro sol es bastante común y corriente. ¡Y eso es algo bueno! Nuestro sol es constante, seguro y estable, y provee la cantidad perfecta de luz y calor. Pero hay algo que hace que nuestro sol sea único: hay uno solo como él.

Verás, la mayoría de las estrellas que ves en el cielo nocturno no son tan solo una estrella… en realidad, son dos estrellas que giran alrededor de un centro. Los científicos las llaman *estrellas binarias*. (Recuerda que *bi* significa «dos», como en *bicicleta*). Entre el 80 y el 85% de todas las estrellas son binarias. Pero nuestro sol es *no binario*, lo cual significa que hay uno solo. ¡Y eso es muy bueno para nosotros! Si hubiera dos soles en nuestro cielo, tendríamos el doble de calor y el doble de rayos UV peligrosos. La vida en la Tierra no solo sería desagradable… ¡directamente sería imposible!

Así como hay un solo sol en el cielo, hay un solo Dios en todo el universo. A través de la historia, la gente ha creado toda clase de dioses (desde Baal hasta Zeus), pero ninguno es real. Y ninguno puede hacer lo que el único Dios verdadero puede hacer. Solo Él puede poner las estrellas en su lugar: las binarias y las no binarias. Solo Él podría decirle al sol cuánto brillar. Y solo Él podría crearte. ¡Ningún dios creado por el hombre podría ser más grande que nuestro Dios!

Señor, solo tú eres Dios. No hay ningún otro dios que pueda hacer todas las cosas grandes y maravillosas que tú haces. Enséñame a amarte con todo mi corazón.

¡CUÁN GRANDE!

Así como hay un solo Dios, hay una sola manera de llegar a Él. ¿Cuál es? Encuentra la respuesta en Juan 14:6.

COMO ARAÑAR UNA PIZARRA

Si es posible, y en cuanto dependa de
ustedes, vivan en paz con todos.

—ROMANOS 12:18

Las uñas. Son buenas para rascarse donde pica y para raspar el precio que viene pegado en las etiquetas. ¡Pero hay mucho más detrás de esas uñas de lo que podrías imaginar!

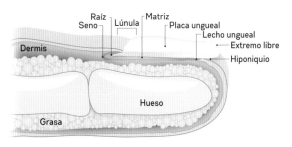

La parte que ves se llama *placa ungueal*. Está formada mayormente por células muertas. El color rosado que ves viene de todos los vasos sanguíneos que hay debajo. La uña crece desde la *raíz*, que se encuentra debajo de tu piel. ¿Ves esa parte blanca con forma de media luna en la base de la uña del pulgar? Se llama *lúnula,* y es el final de la raíz de la uña. Tus uñas crecen a medida que las células nuevas van empujando a las viejas hacia el final de tu dedo. Las uñas te protegen las puntas de los dedos de las manos y los pies.

Aunque tienen un propósito importante, también son responsables de uno de los sonidos más horrorosos conocidos por el hombre: los rasguños sobre una pizarra. *¡Aaahhh!* Los científicos han descubierto que este sonido hace que tu cuerpo experimente una tensión física real. Además, ies molestísimo!

Algunas personas hacen sonidos igual de molestos que las uñas sobre una pizarra. ¡No seas una de ellas! No te quejes ni gimotees cuando te pidan que hagas algo, o si tienes que esperar en una hilera larga. Si tuviste un mal día, no te desquites con tus amigos. Y no discutas con tu hermano simplemente porque estás aburrido. Intenta vivir «en paz con todos»... así, no serás como las uñas sobre una pizarra.

Señor, que todo lo que haga y diga sea agradable para ti. Ayúdame a pensar en los demás antes que en mí mismo.

¡CUÁN GRANDE!

¿Alguna vez te diste cuenta de que tienes que cortarte las uñas de las manos mucho más seguido que las de los pies? Esto se debe a que las uñas de las manos crecen entre dos y tres veces más rápido que las uñas del pie. Las uñas de las manos crecen aproximadamente un milímetro (el grosor de un sujetapapeles) cada diez días. iPero a las uñas de los pies les lleva un mes crecer eso mismo!

¡ANÚNCIALO!

No se enciende una lámpara para cubrirla con un cajón. Por el contrario, se pone en la repisa para que alumbre a todos los que están en la casa.

—MATEO 5:15

Si alguna vez tocaste las alas de una mariposa, probablemente te quedó un polvito sobre los dedos. ¿Qué es? No es polvo. ¡Son escamas! Las alas de una mariposa están cubiertas de pequeñas escamas que se superponen unas con otras, como las tejas en un tejado.

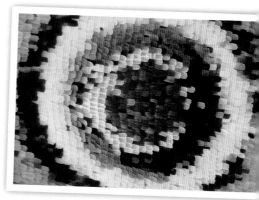

¿Para qué sirven esas escamas? Bueno, los colores más oscuros absorben el calor del sol y ayudan a la mariposa a calentarse lo suficiente como para volar. (¿Sabías que las mariposas tienen sangre fría?). Pero una de las principales razones detrás de esos patrones de escamas de colores brillantes es hacer un anuncio.

¡Así es! Al igual que en la televisión… pero este anuncio en realidad es una advertencia. Le está avisando a los posibles depredadores: «No te conviene comerme. ¡Tengo un sabor *muy feo*!».

Dios creó a las mariposas para que anunciaran lo que son en realidad: insectos que saben muy mal. Y también te creó para que hicieras lo mismo. Fuiste creado para anunciar lo que eres *en realidad*: un seguidor de Jesús. Entonces… ¿lo haces? ¿Tus amigos saben que eres cristiano? ¿Tus vecinos saben que amas a Jesús? ¿Las personas que viven en tu casa se dan cuenta de que estás tratando de parecerte más a Jesús? No escondas tu amor por Dios… anúncialo. ¡Dile al mundo entero cuán grande crees que es!

Señor, quiero decirle al mundo qué maravilloso eres. Enséñame cómo puedo anunciar tu grandeza hoy.

¡CUÁN GRANDE!

Las mariposas pueden parecer delicadas y frágiles, ¡pero son viajeras resistentes! La mariposa monarca recorre hasta 4.400 kilómetros desde Canadá hasta México en su migración a climas más cálidos de invierno. Pero la mariposa vanesa de los cardos vuela un trayecto más largo: unos 6.400 kilómetros desde África del Norte hasta Islandia, ¡mientras agita sus alas unas veinte veces por segundo!

79

CREADO PARA BRILLAR

Uno es el esplendor del sol, otro el de
la luna y otro el de las estrellas. Cada
estrella tiene su propio brillo.

—1 CORINTIOS 15:41

Pólux es un nombre gracioso para una estrella muy brillante. Está ubicada a más de 33 años luz de la Tierra. (Tan solo un año luz es más de nueve billones de kilómetros, ¡así que Pólux está muy, *muy* lejos!). Esta estrella es lo que los científicos llaman un *gigante rojo. Gigante* porque es gigantesca: unas diez veces más grande

que nuestro sol. Incluso tiene su propio planeta que orbita a su alrededor. Y *rojo* porque, poco a poco, se va quemando a sí misma, y suelta una luz rojiza anaranjada. Pero tal vez a Pólux se la conoce mejor por la luz que irradia: es más de 30 veces más brillante que nuestro sol. Durante miles de años, los marineros han usado esta estrella brillante y resplandeciente para guiarse.

Dios creó a Pólux para brillar. No brilla de la misma manera que la luna ni el sol, pero sigue siendo hermosa a su manera, tal como todo lo que Dios creó... en especial, tú. Ahora bien, tal vez haya algo en ti que no creas que es muy hermoso ni útil. Pero intenta pensarlo de la siguiente manera: Dios te creó a propósito, tal como quería, de la cabeza a los pies. Después, dio un paso atrás y dijo: «¡Magnífico! ¡Fantástico! ¡Hermoso!». Eres hermoso en tu propia manera, una creación admirable, hecho por el mismo Dios. Y al igual que Pólux, Dios te hizo para brillar.

Dios, enséñame a ver la belleza que creaste a mi alrededor. Y en especial, ayúdame a ver la belleza que creaste en mí.

Tal como la luz brillante de Pólux guía a los marineros, tú también puedes guiar a otros en su camino a Jesús. ¿Cómo? Sé amable cuando los demás no lo sean. Ayuda a otros cuando no sea fácil. Haz lo correcto aunque nadie más lo haga. Y cuando alguien te pregunte por qué eres tan diferente, puedes hablarle del Dios al que sigues.

UN TERRENO NO TAN SÓLIDO

Solo él es mi roca y mi salvación; él es
mi protector. ¡Jamás habré de caer!

— SALMOS 62:2

El suelo donde estamos parados no es tan sólido como parece. Y en ciertos lugares en el mundo, ¡puede desaparecer de repente!

Verás, el suelo debajo de nuestros pies está formado de tierra, rocas y minerales. El agua de lluvia y de las corrientes subterráneas se va filtrando y, lentamente, desgasta (o *erosiona*) las rocas y los minerales. Con el tiempo, puede lavar el cimiento de roca subterráneo que sostiene la tierra de la superficie. Ahí es cuando el suelo se hunde y aparece un agujero: un *cenote*. Un cenote puede formarse poco a poco, con el tiempo... o en un instante. Algunos miden menos de un metro de lado a lado, mientras que otros miden más de 600 metros de ancho. Los cenotes aparecen con más frecuencia en lugares donde el lecho de roca es de un material débil que se disuelve o se erosiona con facilidad. Los constructores en estos lugares propensos a los cenotes deben tener cuidado al edificar. Tienen que asegurarse de construir sobre un cimiento sólido.

Al igual que un constructor, tú debes tener cuidado y mirar dónde edificas tu vida... cuál es tu cimiento. ¿Dependes de tu dinero? Porque te lo pueden robar.

¿Dependes de tu inteligencia? Tarde o temprano, habrá una pregunta que no puedas responder. ¿Dependes de tus amigos? ¿Y si se mudan lejos? El dinero, la inteligencia y los amigos pueden ser muy buenos, pero todos pueden cambiar y variar... ¡dejándote en un pozo! Edifica tu vida sobre Dios. Depende de Él. El Señor nunca cambia ni varía. ¡Y jamás te dejará en un pozo!

¡CUÁN GRANDE!

A veces, los cenotes pueden surgir (o hundirse) en los lugares más inesperados, como el Museo Nacional del Corvette en Kentucky, Estados Unidos. En 2014, temprano por la mañana, se abrió un cenote de repente adentro del museo, ¡y se tragó ocho Corvettes! Ya repararon el cenote, pero la cueva sigue ahí. Los visitantes pueden mirar por una ventana para ver el suelo del cenote, a más de 9 metros de profundidad.

Querido Dios, tú nunca cambias ni varías como las cosas de este mundo. ¡Sé que siempre puedo contar contigo!

UN RUIDO ALEGRE

Vengan, cantemos con júbilo al SEÑOR;
aclamemos a la roca de nuestra salvación.

—SALMOS 95:1

¿Los pájaros ya saben cantar cuando nacen? En realidad, no. A diferencia de los gatos, que nacen sabiendo cómo maullar, y de los perros, que nacen sabiendo cómo ladrar, las aves tienen que aprender sus canciones. Lo hacen escuchando a su mamá, su papá y a otros pájaros. Y tienen que practicar *mucho*. ¡Algunas de sus canciones son bastante complicadas!

Entonces, ¿por qué cantan los pájaros? En realidad, no lo hacen para conversar. Los pájaros usan «palabras» sueltas o *llamados* para advertirles a otros de algún peligro, decirse dónde encontrar comida o simplemente saludarse. Pero respecto a sus canciones completas, ¡resulta ser que las aves cantan por muchas razones! Si escuchas el canto de un pájaro en Norteamérica y Europa, probablemente se trata de un macho, y en general está cantando para impresionar a una hembra (o tal vez para advertirle a otro macho que no se acerque). Pero si vives en Australia o en los trópicos, ese pajarito que escuchas cantar suele ser hembra, y está haciendo un espectáculo. Sin embargo, a veces los pájaros cantan cuando están solos. ¿Por qué? Los científicos creen que es por la misma razón que nosotros... por la pura alegría de cantar.

Dios te ha dado tantas cosas por las cuales estar agradecido... Las maravillas de Su creación, las bendiciones de personas que te aman, la belleza del canto de las aves. Es suficiente como para llenarte el corazón de canciones, entonces ¿por qué no entonas algunas alabanzas? No te preocupes por cómo suenas o por cantar las notas perfectas. Canta por el puro gozo de alabar al que te da tantas razones para cantar.

Al sinsonte se lo conoce por su canto. El macho canta más a menudo que la hembra y puede hacer hasta 200 sonidos diferentes. En inglés, se llama «el pájaro burlón», porque tiene la capacidad de imitar otros sonidos, como si se estuviera burlando: desde las canciones y los gorjeos de otros pájaros, ¡hasta el maullido de un gato o la alarma de un auto!

Señor, pon una nueva canción en mi corazón y mi boca hoy... ¡una canción para alabarte!

IZQUIERDA, DERECHA...
¿IZQUIERDA?

Ya sea que te desvíes a la derecha o a la
izquierda, tus oídos percibirán a tus espaldas
una voz que te dirá: «Este es el camino; síguelo».

—ISAÍAS 30:21

Levanta la mano si eres zurdo. Lo más probable es que no lo seas. Esto se
debe a que solo un 10 % de la población del mundo es zurda. («Zurdo» se refiere

a una persona que usa la mano izquierda para cosas como escribir o arrojar una pelota). Y los científicos no saben bien a qué se debe. Algunos creen que tiene que ver con tu ADN: ese diseño que hay dentro de tus células que hace que seas *tú*. Otros creen que tiene que ver con la manera en que los lados izquierdo y derecho de tu cerebro se desarrollan cuando eres un bebé.

La mayoría de las personas solo puede usar una mano (la derecha o la izquierda) para cosas como escribir. Algunos pueden escribir con una mano y arrojar la pelota con la otra. Y unos pocos, alrededor del 1 % de la gente, puede usar las dos manos igualmente bien. Esas personas se llaman *ambidiestras*.

A la hora de elegir qué mano usar, probablemente no tengas que pensarlo demasiado. Te surge de forma natural. Pero otras decisiones son más difíciles, como qué hacer frente a un problema. En esos momentos, deberías hablar con Dios. Dile cuál es el problema. Sí, Él ya lo sabe, pero hablar del tema puede ayudarte a que lo resuelvan juntos. Dios promete que si necesitas ayuda, Él te mostrará qué hacer: a través de la Biblia o de otra persona. Ya sea a la derecha o a la izquierda, Dios te guiará por el camino correcto.

Señor, recuérdame que hable contigo sobre todas las decisiones que debo tomar. ¡Confío en que me mostrarás hacia dónde ir!

¡CUÁN GRANDE!

Cuando te dicen que te pongas en el lugar del otro, te están pidiendo que intentes entender cómo se siente la otra persona. Muchísimas de las cosas que usamos todos los días (desde tijeras, hasta cuadernos espiralados o el ratón de tu computadora) están hechos para personas diestras. Intenta usar la mano izquierda por un día. Escribe, come y arroja la pelota con la mano izquierda. O, si eres zurdo, ¡intenta usar la derecha! No importa si tienes que luchar con un cuaderno espiralado o encontrar un guante de béisbol que te quede bien; tratar de entender cómo viven los demás te transformará en una persona más considerada, amable y amorosa... ¡tal como Jesús quiere que seas!

TiFONES, HURACANES Y CiCLONES... ¡AY, AY, AY!

«Te he llamado por tu nombre; tú eres mío».

—ISAÍAS 43:1

Tifones, huracanes, ciclones... ¿cuál es la diferencia? ¡El lugar es lo más importante! Se trata de tres nombres distintos para una clase de tormenta: *un ciclón tropical*. En el Océano Atlántico, a esta clase de tormenta se la llama *huracán*.

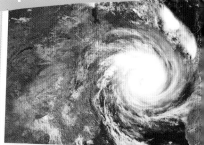

En el Pacífico del Sur, es un *ciclón*. Y en el Pacífico Occidental, es un *tifón*.

No importa qué nombre le pongas, los ciclones tropicales son poderosos. Sus vientos empiezan a unos 120 kilómetros por hora, pero pueden acelerar y alcanzar los 240 kilómetros por hora. Envían olas enormes que rompen contra la costa, y las más fuertes pueden arrancar árboles y aplastar edificios. Los ciclones tropicales pueden abarcar entre 95 y hasta más de 1.900 kilómetros, ¡y pueden contener el poder de cientos de tormentas eléctricas!

Se nos hace difícil imaginar esa clase de poder. Pero el poder de un ciclón tropical no puede ni compararse con el poder de nuestro Dios. Lo único que tuvo que hacer fue hablar, y la luz se disparó por el universo, aparecieron estrellas en el cielo, se juntaron las aguas en los océanos, las montañas se acomodaron en su lugar, los leones rugieron despertando a la vida y las personas empezaron a caminar sobre la Tierra. Después, dijo: «Todo se ha cumplido» y los pecados quedaron lavados, la muerte fue vencida y Satanás perdió para siempre (Juan 19:30). *Eso* sí que es poder. Y ese es el Dios que te ama y te llama por tu nombre.

Señor, eres tan grande y poderoso. Puedes hacer cualquier cosa... y aún así, sabes mi nombre. ¡Me encanta eso de ti!

En el Hemisferio Sur (la mitad del planeta al sur del ecuador), los ciclones giran hacia la derecha, como las agujas de un reloj. Pero en el Hemisferio Norte (al norte del ecuador), los ciclones giran en sentido *antihorario*, hacia el lado opuesto que las agujas de un reloj. A esto se lo llama el efecto Coriolis, y se produce por la rotación de la Tierra. Algunos dicen que incluso afecta la manera en la que gira el agua en un inodoro... ¡pero eso es un mito!

¡AL EXTREMO!

El Dios que da la paz [...] los capacite en
todo lo bueno para hacer su voluntad.

— HEBREOS 13:20-21

Dios llenó nuestro planeta de animales maravillosos y los preparó para vivir en algunos de los climas más extremos de la Tierra. Como la araña saltarina del Himalaya. Esta maravilla de ocho patas vive a unos 6.700 metros de altura, en las montañas del Himalaya. Su hogar está cerca del punto más alto de la Tierra: el monte Everest. Sobrevive comiendo insectos que llegan a la montaña arrastrados por el viento. Al otro lado del mundo, la rata canguro gigante (que mide apenas unos 30 centímetros) ni siquiera necesita beber agua... algo que le viene muy bien, ya que vive en el Valle de la Muerte, uno de los lugares más secos de la Tierra. Obtiene el líquido que necesita de las semillas que come. Después, está el *Paralvinella sulfincola*. No te preocupes. Yo tampoco puedo pronunciarlo. Llamémoslo simplemente Sr. Gusano. Es un pequeñito muy lindo con cara de plumero... ¡que vive cerca de respiraderos submarinos que alcanzan los 76 grados centígrados! La rana de la madera se va al otro extremo. En invierno, esta pequeña saltarina se esconde debajo de las hojas caídas. Un químico anticongelante natural en su cuerpo evita que muera congelada.

Desde las cimas de las montañas hasta el fondo del mar, y desde el calor del desierto hasta los bosques helados, Dios creó animales que puedan sobrevivir (e incluso prosperar) donde Él los puso. Y hace lo mismo por ti. Es más, Salmos 139:3 afirma que Dios ya sabe cada camino que vas a tomar, cada lugar donde estarás y cada problema que enfrentarás. Así que puedes confiar en que sabrá (y te dará) todo lo que necesites, ¡no solo para sobrevivir, sino para desarrollarte!

Querido Dios, gracias por abrirme un camino.
No importa en dónde esté o qué enfrente,
¡sé que me darás todo lo que necesito para
desarrollarme!

¡CUÁN GRANDE!

Los habitantes de Afar en Dallol, Etiopía, viven en uno de los lugares más calurosos de la Tierra: arriba de un volcán activo, ¡donde la temperatura puede llegar a los 63 grados centígrados! Como son nómadas, sobreviven al moverse mayormente de noche, comer mucha sal para reponer los minerales que pierden al sudar y beber leche. ¡Sí, leche! Los científicos dicen que es tan hidratante como cualquier bebida energética.

LAS COSAS PEQUEÑAS

Si son fieles en las cosas pequeñas,
serán fieles en las grandes.

—LUCAS 16:10 NTV

Aunque tal vez no sea la flor más hermosa que existe, la *Wolffia globosa* tiene el récord por ser la más pequeñita. ¿Cuán pequeñita? ¿Viste esas ricas granas de colores que se les ponen a los pasteles? ¡*Así* de pequeñitas! La Wolffia es una planta acuática que se encuentra en todo el mundo, y la planta entera mide apenas un milímetro de largo. Si armaras un ramo de una docena de Wolffias, entraría en la cabeza de un alfiler. Cinco mil Wolffias entrarían en un dedal. ¿Ves esta letra *O*? Dos plantas enteras de Wolffia podrían entrar ahí. ¡Eso sí que es ser pequeño!

Las cosas pequeñas son importantes para Dios, desde estas florcitas hasta las cosas pequeñas que tú haces. Verás, cuando ayudas a un amigo a recoger los libros que se le cayeron, tratas con amabilidad a la persona que te atiende en la cafetería de la escuela o ayudas a un niño de jardín de infante a atarse el zapato, tal vez no te parezca que estás haciendo la gran cosa... ¡pero a ese amigo, al que trabaja en la cafetería y al niñito que ahora no tiene que preocuparse por perder el zapato sí les parece importante! Y a Dios también. Cuando decidas hacer lo correcto en las «cosas pequeñas» de la vida, ¡Dios te dará la oportunidad de hacer lo correcto en las cosas verdaderamente grandes también!

Señor, gracias por cumplir siempre tus promesas. Por favor, ayúdame a ser fiel también... en las cosas grandes y en las pequeñas.

¡CUÁN GRANDE!

La Wolffia globosa tal vez sea pequeña, pero tiene un propósito grande. También llamada *lenteja de agua,* es un manjar para los patos, para varias aves más y para los peces. Los científicos incluso están buscando maneras de cosecharlas para alimentar cerdos, pollos y vacas. Mmm... ¿será rica?

¡DÉJALO BRILLAR!

Tú, Dios mío, iluminas mis tinieblas.

—SALMOS 18:28

¿Alguna vez te sucedió esto? Te subes a la cama y apagas la luz. Pero, en vez de oscuridad, un espeluznante resplandor verde alumbra desde el otro lado de la habitación. El corazón te late a toda velocidad y te cuesta respirar... hasta que recuerdas que son las pegatinas que pusiste en tu bolso, que brillan en la oscuridad. *¡Qué alivio!*

¿Qué hace que algo brille en la oscuridad? Se trata de unas cositas geniales llamadas *fósforos,* que absorben la luz del sol como energía. Con el tiempo, van liberando esa energía en forma de luz. Ese es el resplandor que ves. Los fabricantes de juguetes mezclan fósforo con el plástico que usan para hacer los juguetes, las pegatinas y otras cosas que brillan en la oscuridad. Las varitas luminosas funcionan de otra manera. Brillan cuando dos químicos se mezclan; por eso hay que «quebrar» la varita. No importa si es con fósforo o con dos químicos que se mezclan, incluso un resplandor suave puede espantar la oscuridad de tu habitación.

Pero las habitaciones no son las únicas que pueden ponerse oscuras. A veces, tus días pueden estar oscuros con tristeza, temor y preocupación. Ahí es cuando necesitas el «resplandor» de Dios para iluminarlos. La tristeza no puede mantenerse en pie ante la luz de Su gozo. Los temores huyen de Su valentía. Y cuando las preocupaciones te hacen sombra, Su amor las saca corriendo. Tu Dios no solo «brilla» en la oscuridad. La hace desaparecer.

¿Sabías que algunos animales brillan en la oscuridad? ¡Es verdad! El pez bombilla (tal vez una de las criaturas más horribles de la Tierra) vive a una profundidad de hasta un kilómetro y medio en el océano. Como si fuera una caña de pescar, una vara finita le sale de la cabeza, y tiene un señuelo brillante en la punta. Cuando los otros peces ven la luz, piensan que es algo para comer, ¡y nadan directo hacia la boca del pez bombilla!

Querido Dios, cuando mi mundo empiece a verse oscuro, recuérdame que hable contigo y que permita que tu amor ilumine mi vida. ¡Confío en que siempre tienes el control!

CAMBIAR LAS ESTRELLAS

Dios es quien produce en ustedes
tanto el querer como el hacer para que
se cumpla su buena voluntad.

— FILIPENSES 2:13

A unos 37 años luz de la Tierra, hay una estrella llamada Arturo. Es una gigante roja, y los científicos creen que es 25 veces más grande que nuestro sol. Arturo es una de las estrellas más brillantes que se pueden ver en el cielo nocturno. Es tan brillante que despide 115 veces más luz que nuestro sol. Sin embargo, Arturo está cambiando. A medida que sus capas externas se van consumiendo, se va transformando en una estrella enana blanca mucho, mucho más pequeña.

Ahora, piénsalo: Si Dios puede cambiar una estrella que es 25 veces más grande que nuestro sol (y nuestro sol es tan gigante que podría abarcar más de un millón de Tierras), ¡imagina lo que puede hacer contigo! Porque, por más grandioso que sea cambiar una estrella, el cambio que Dios está haciendo en tu interior es incluso más maravilloso.

Dios es como un alfarero, y tú eres su pedazo de arcilla... un pedazo de arcilla precioso y fantástico. Cada día, el Señor te forma y te cambia. Usa Su Palabra, las personas que te rodean y lo que te sucede en la vida para enseñarte a hacer lo que a Él le agrada. Como, por ejemplo, hacer lo correcto cuando preferirías hacer como si no pasa nada malo. O ser valiente cuando lo que más querrías sería esconderte. O tener paz, a pesar de que todo parezca salir mal. Dios te está cambiando para que seas como Jesús... y ese es el cambio más grande de todos.

Querido Señor, el cambio no siempre es fácil ni divertido. Pero confío en que me cambies y me ayudes a parecerme cada día más a Jesús.

¡CUÁN GRANDE!

En una noche despejada, si miras al cielo, puedes encontrar un grupo de estrellas llamado la Osa Mayor. Busca tres estrellas en fila... forman una especie de manija curva. Después, busca cuatro estrellas más al costado, que forman como un tazón. El «tazón» junto con la "«manija» forman la Osa Mayor. Ahora imagina que esa manija curva sigue arqueándose... ¡Esa curva te conduciría directo a Arturo!

SEGUIR EL RASTRO

Lleven una vida de amor, así como Cristo
nos amó y se entregó por nosotros como
ofrenda y sacrificio fragante para Dios.

—EFESIOS 5:2

Con sus orejas caídas, sus ojos de perrito triste, la piel toda arrugada y la boca babosa, el sabueso no parece exactamente un detective experto. Pero este investigador de cuatro patas es el mejor en el ámbito del rastreo.

Hace casi 200 años que los departamentos de policía usan sabuesos para rastrear criminales y personas perdidas. Esto se debe a que Dios hizo a este perro para que fuera un maestro olfateador. Para empezar, su sentido del olfato es alrededor de mil veces más fuerte que el nuestro. Y esas orejas largas y caídas no están de adorno. ¡Van barriendo el suelo y dirigen los aromas hacia su nariz! Incluso toda esa piel arrugada tiene la función de atrapar olores. Un sabueso puede seguir un rastro de olfato que tiene 300 horas de antigüedad... ¡casi trece días! Aun con toda la tecnología que se ha inventado, no hay nada tan bueno para rastrear como el sabueso que Dios creó.

¿Sabías que la clase de vida que llevas también deja un rastro? No es un rastro de olor que seguiría un sabueso. Pero debería ser un rastro que conduzca a otros... no solo a encontrarte a ti, sino a Dios. ¿Cómo? Al dejar un rastro de bondad dondequiera que vayas. No apestes tu «rastro de olor» con chismes, palabras hirientes ni egoísmo. Deja el aroma dulce del amor en todas partes donde estés.

Señor, ayúdame a no apestar este mundo con palabras enojadas o egoísmo. En cambio, que pueda dejar el dulce aroma del amor y la bondad dondequiera que vaya.

¡CUÁN GRANDE!

¿Cómo rastrea un sabueso a una persona? Primero, huele algo que esa persona haya usado, como una camisa o un sombrero. Esto le da al perro una *imagen olfativa*, una especie de «fotografía olorosa» para seguir. La nariz del sabueso es tan poderosa que puede encontrar esa imagen en medio de todos los otros olores del mundo y seguirla. ¡Hay sabuesos que han seguido un rastro por más de 200 kilómetros!

¡NO TE DEJES ENGAÑAR!

Si llamas a la inteligencia y pides discernimiento;
si la buscas como a la plata, como a un tesoro
escondido, entonces comprenderás el temor
del Señor y hallarás el conocimiento de Dios.

— PROVERBIOS 2:3-5

¿Alguna vez escuchaste acerca de la fiebre del oro de California?
Sucedió entre 1848 y 1855, cuando los rumores de que había oro hicieron que más de 300.000 mineros se fueran corriendo al oeste de Estados Unidos. Los primeros mineros cribaban oro. Esto significa que sacaban tierra, gravilla y agua (a menudo de un arroyo o el lecho de un río) y los sacudían de un lado al otro en una olla. El oro, que es más pesado, se iba para el fondo, donde el minero podía recogerlo.

Unos pocos encontraron riquezas, pero otros se dejaron engañar por un mineral brillante y sin valor llamado *pirita*, o el «oro de los tontos».

El oro de los tontos se *parece* a la imagen que tenemos del oro: es brillante y dorado. Pero el verdadero oro en realidad es algo opaco. Además, es bastante blando. Si lo golpeas con un martillo, se aplanará. Si golpeas el oro de los tontos con un martillo, produce chispas. El oro de verdad no tiene olor, pero el oro de los tontos apesta, como si fuera un huevo podrido. Muchos mineros creyeron que habían encontrado un gran tesoro, cuando en realidad, lo único que tenían era un montón de rocas brillantes, apestosas y sin valor.

Me hace recordar a muchos de los «tesoros» que la gente persigue en este mundo. Los tesoros del mundo brillan y resplandecen... es tentador salir corriendo a buscarlos. Pero cuando los comparas con el tesoro *de verdad,* son apestosos y sin valor. ¿Cuál es el verdadero tesoro? ¡Conocer a Dios! Él es el tesoro más grande de todos. Dios es lo único que merece nuestra búsqueda desesperada. Y es mucho más fácil de encontrar que el oro. Tan solo abre tu Biblia y tu corazón en oración. El mayor tesoro de todos (Dios) está aquí mismo, esperando a que lo encuentres.

Querido Dios, cuando me vea tentado a correr detrás de los tesoros de este mundo, ayúdame a recordar que tú eres el tesoro más grande de todos. Quiero pasar toda mi vida conociéndote.

Pirita

¡CUÁN GRANDE!

La fiebre del oro de California es la más famosa en Estados Unidos, pero no fue la primera. La fiebre del oro de Carolina empezó en 1799, cuando un niño de doce años descubrió una pepita de oro de casi ocho kilos. Más de 30.000 personas se apresuraron a llegar a la zona para empezar a buscar oro. Después, Carolina estuvo al frente de la producción nacional de oro cada año... ¡Hasta 1848!

Oro

¡PERDÓN!

Confiésense unos a otros sus
pecados, y oren unos por otros.

— SANTIAGO 5:16

Burp*.* Un eructo. Otros lo llaman *regüeldo.* Nos pasa a todos entre seis a veinte veces al día. ¿Qué nos hace eructar? El aire. Verás, cuando comes o bebes, masticas goma de mascar o incluso hablas demasiado rápido, tragas aire. Todo ese aire se acumula en tu pancita hasta que el cuerpo lo empuja hacia fuera con un retumbante *buuuurrrrp*. Comer demasiado rápido o tomar bebidas con gas (que están llenas de burbujas) te hace eructar más aún.

Los humanos no son los únicos que eructan. Los animales también eructan. Es más, las vacas eructan tanto que si de alguna manera se pudieran recoger los eructos de todo un año de tan solo diez vacas, ¡habría suficiente gas para calentar una casa durante todo el año!

La mayoría de las personas creen que eructar es de mala educación. Así que si se te escapa un eructo, deberías decir: «¡Perdón!». Es una manera de disculparte por lo que hiciste. Pero ese no debería ser el único momento en el que pidas disculpas. Siempre que te des cuenta de que has herido u ofendido a alguien (por accidente o a propósito), es una buena idea pedir perdón. Pídele a esa persona que te perdone e intenta no volver a cometer el mismo error. Y si haces algo que lastime o que ofenda a Dios (ya que estamos, eso se llama *pecado*), deberías hacer lo mismo. Dile a Dios que sabes que lo que hiciste estuvo mal y pídele que te perdone. ¡Él siempre lo hará (1 Juan 1:9)!

Señor, cuando haga cosas que lastimen a los demás, ayuda a mi corazón a estar preparado para pedir perdón. Y cuando haga cosas que te lastimen, ayuda a mi corazón a estar preparado para pedirte perdón también. Enséñame a honrarte con mis acciones.

¡CUÁN GRANDE!

El récord del eructo más largo es de 1 minuto, 13 segundos y 57 milisegundos. Lo «logró» Michele Forgione en Italia, en 2009. Pero el récord del eructo más estruendoso le pertenece a Paul Hunn, de Reino Unido. Su eructo alcanzó los 109,9 decibeles... ¡más ruidoso que una motocicleta!

TAN CIEGO COMO...
¿UNA LOMBRIZ?

Porque somos hechura de Dios, creados en Cristo
Jesús para buenas obras, las cuales Dios dispuso de
antemano a fin de que las pongamos en práctica.

—EFESIOS 2:10

Si alguna vez saliste afuera después de que llovió, probablemente
hayas visto varias lombrices retorciéndose por ahí, apurándose para

volver debajo de la tierra. ¿Por qué el apuro? Porque las lombrices respiran por la piel. Si la piel se les seca, ¡se mueren! (Además, está el peligro de los pájaros que están a la búsqueda de algún bocadillo). Y como no tienen brazos ni piernas, meterse debajo de la tierra es un trabajo duro. La lombriz tiene bandas especiales de músculos que la impulsan hacia delante. Pequeñas cerdas sobre su cuerpo se agarran al suelo, y una babaza resbaladiza la ayuda a deslizarse por la tierra. La lombriz tampoco tiene ojos, pero *sí* puede percibir la luz, especialmente de frente, lo cual la ayuda a alejarse del sol.

Aun sin brazos, piernas ni ojos, la lombriz tiene una función importante en nuestro mundo. Al agitar el suelo, mueve los nutrientes hasta la superficie y crea huecos que dejan pasar el aire y el agua.

Si una lombriz puede hacer todo eso, ¡imagina lo que tú puedes hacer con los brazos, las piernas y los ojos que Dios te dio! Puedes usar tus ojos no solo para ver las maravillas y la bondad de Su creación, sino también para ver a los que te rodean que están heridos o necesitados. Tus brazos pueden extenderse para abrazar y ayudar al que se haya caído. Y esas piernas que Dios te dio son ideales para ir... para servir a otros y hablarles de Jesús.

Querido Señor, enséñame a usar mis brazos, mis piernas y mis ojos —todo mi cuerpo— ¡para mostrarle al mundo cuán grande eres!

¡CUÁN GRANDE!

La mayoría de las lombrices miden apenas unos centímetros de largo, pero la lombriz gigante de Gippsland, en Australia, mide unos 90 centímetros de largo en promedio, y puede alcanzar más de tres metros. ¡Son tan grandes que a veces se las escucha borbotear mientras excavan bajo tierra!

Lombriz de tierra

¡SANTO ROCÍO!

¡Voy a hacer algo nuevo! Ya está sucediendo,
¿no se dan cuenta? Estoy abriendo un camino
en el desierto, y ríos en lugares desolados.

—ISAÍAS 43:19

¿Alguna vez saliste afuera por la mañana, cuando la hierba, las hojas y hasta las telas de araña parecen resplandecer con miles de diamantes pequeñitos? No llovió… entonces, ¿qué es eso? ¡Es rocío!

Cuando la temperatura baja durante la noche, el vapor de agua en el aire se *condensa*, o se transforma en gotitas de agua que caen sobre todo. (Si la

temperatura desciende hasta llegar debajo del cero, esas gotas se congelan y se transforman en pequeños cristales llamados *escarcha*). Pero el rocío no solo es hermoso; puede ser la salvación en lugares donde no llueve mucho. Las plantas, los animales y hasta las personas recogen el rocío para usarlo como agua. El rocío es apenas uno de los mecanismos maravillosos que Dios creó para cuidar este mundo y a Sus criaturas.

A veces, Dios usa milagros para cuidarnos. Por ejemplo, cuando los israelitas escaparon de Egipto y estaban vagando por el desierto, no había mucha comida. Entonces, Dios abrió un camino para alimentar a Su pueblo. Cada mañana, cuando el rocío se secaba, aparecían escamas delgadas de pan que cubrían el suelo. Los israelitas las llamaban *maná,* y era dulce como la miel. Salmos 78:25 lo llama «pan de ángeles», porque vino del cielo. (Puedes leer más sobre el maná en Éxodo 16). Es tan solo una de las maneras maravillosas en que Dios cuida de Su pueblo. Siempre puedes confiar en que, sea donde sea que Dios te guíe, Él proveerá el cuidado perfecto para ti.

¡CUÁN GRANDE!

Seguramente escuchaste que a muchos les gusta tomar sol, ¿no? Bueno, en el desierto del Namib en África, al escarabajo negro le encanta tomar *niebla*. Cuando desciende la niebla, el escarabajo levanta la cola al aire. Las irregularidades y las grietas en sus alas recogen agua del aire nebuloso y lo dirige directamente a su boca.

Señor, me maravillan todas las maneras en que cuidas de este mundo y de las personas que habitan en él. Pero más que nada, ¡estoy agradecido por cómo me cuidas a mí!

MÁS CERCA DE LO QUE CREES

El Señor mismo marchará al frente de ti y estará contigo; nunca te dejará ni te abandonará. No temas ni te desanimes.

—DEUTERONOMIO 31:8

Cuando miras las estrellas, el espacio parece estar lejísimos. Pero, aunque no es lo mismo que caminar hasta la casa de tu vecino, está más cerca de lo que parece. Es más, en 2018, ¡los científicos empezaron a pensar que incluso está más cerca de lo que *ellos* piensan! Científicamente hablando, el espacio comienza donde termina la atmósfera de la Tierra, en un punto llamado línea de Kármán. Durante años, los científicos creyeron que esa línea estaba a unos cien kilómetros de distancia. Ahora, creen que tal vez esté a unos ochenta kilómetros, lo cual significa que, si pudieras conducir con un auto hacia allá arriba, ¡llegarías al espacio en menos de una hora! El espacio puede parecer imposiblemente lejos, pero en realidad está bastante cerca.

Como Dios. Habrá veces en que parezca que está lejos. Tal vez cuando estás herido o triste, preocupado o con miedo. O cuando hiciste algo que sabes que está mal. Pero Dios siempre está allí contigo. Esa es una promesa que Él da una y otra vez en la Biblia. Cuando Josué se enfrentaba a una terrible batalla, Dios prometió que estaría con él dondequiera que fuera (Josué 1:9). Cuando Jesús estaba por dejar a Sus discípulos para regresar al cielo, dijo: «Estaré con ustedes siempre» (Mateo 28:20). Dios incluso dijo que te recogería en Sus brazos y te llevaría cerca de Su corazón (Isaías 40:11).

Dios no está lejos. Está mucho más cerca que el espacio. Está en tu corazón, justo a tu lado, a cada momento del día. ¡Qué hermosa promesa!

Dios, como no puedo verte con mis ojos, a veces me parece que estás muy lejos. Ayúdame a «ver» con mi corazón, mi mente y mi alma que siempre estás aquí conmigo.

¡CUÁN GRANDE!

Cuando estás preocupado, asustado o no tienes un buen día, a veces la risa puede ayudar a que no estés más triste.

¿Cómo sabes que la luna no tiene hambre? *¡Cuando está llena!*

¿Por qué el sol fue a la escuela? *¡Para volverse más brillante!*

¿Cuál es la tecla preferida de los astronautas en la computadora? *¡La barra espaciadora!*

53

¡ESTOY AQUÍ AFUERA!

Cuando llegue la tentación, [Dios] les dará
también una salida a fin de que puedan resistir.

—1 CORINTIOS 10:13

Imagina que eres un tierno lagartito que está tomando sol y esperando
que algún insecto jugoso llegue saltando por ahí cuando, de repente,
aparece un pájaro de la nada. Intentas correr, pero te agarra de la cola, ¡pensando que serás un almuerzo delicioso! ¿Qué puede hacer un lagarto? ¡Deja caer
la cola y sal corriendo!

¡Así es! Algunos lagartos, como el anolis, pueden separarse de su cola y dejarla retorciéndose en el suelo. Esto distrae al pájaro (o a cualquier otro depredador) lo suficiente como para escapar. Interesante, ¿no? Los científicos le llaman a esto *autotomía,* que sería la manera científica de decir: «¡Yo me largo!». Después, el lagarto pasa los próximos 60 días esperando que crezca su nueva cola.

Habrá momentos en los que tú también necesites practicar un poco de autotomía. No, no estoy diciendo que tengas que dejar caer tu cola... ¡eso sería imposible! Pero cuando la tentación intente alcanzarte, pídele a Dios que te ayude a decir: «¡Yo me largo!». Por ejemplo, si un amigo intenta convencerte de mentir, hacer trampa en una prueba o esconder algo de tus padres. O cuando estás mirando un programa de televisión que te tienta a decir cosas que ya sabes que están mal. La realidad es que, en este mundo, vas a tener tentaciones. Confía en que Dios te ayudará a ser fuerte y a decir: «¡Yo me largo!» cuando el pecado te tiente.

Señor, ayúdame a saber cuándo tengo que «dejar todo» para escaparme de la tentación.

¡CUÁN GRANDE!

¿Sabías que los cuernos de un ciervo son *caducos*? Eso significa que, todos los años, se caen y vuelven a crecer. ¡A algunas especies de ciervos les vuelven a crecer cuernos que pesan hasta 27 kilos en tan solo tres o cuatro meses!

¡SALUD!

Que su conversación sea siempre
amena y de buen gusto. Así sabrán
cómo responder a cada uno.

— COLOSENSES 4:6

¡ACHÚ! Ese es el sonido universal de un estornudo. Estornudar es la manera en que tu cuerpo se deshace de algo que te irrita la nariz. Puedes estornudar cuando estás resfriado. También cuando hay polvo, pelo de mascotas o polen que te hace cosquillas en la nariz. ¡Algunas personas incluso estornudan cuando salen al sol!

Cuando algo te irrita la nariz, hay nervios especiales que envían un mensaje a tu cerebro. (Un dato divertido: no puedes estornudar cuando estás dormido, porque esos nervios también están dormidos). Después, tu cerebro les dice a todas las partes de tu cuerpo que trabajen juntas para estornudar: desde tu pecho y los músculos de tu pancita, hasta tu garganta y tus párpados. Cuando estornudas, unas 100.000 gotitas salen disparadas de tu nariz a 160 kilómetros por hora, y viajan seis metros o más. Así que, por favor, ¡cúbrete con un pañuelo o con la manga cuando estornudes!

Los estornudos viajan rápido y llegan lejos, pero hay otra cosa que has experimentado que también viaja rápido y llega lejos: *el chisme*. Chismear es esparcir rumores. Es decir cosas hirientes sobre una persona... ¡Cosas que tal vez ni siquiera sean ciertas! Y algunos lo hacen para divertirse. Pero la Biblia habla mucho sobre el chisme, y no dice nada bueno. Dios enseña que el chisme es pecado, igual que la mentira, las peleas y el asesinato (Romanos 1:29). Así que no estés desparramando palabras hirientes. En cambio, ¡siembra palabras amables!

Querido Dios, ayúdame a controlar mis palabras. Quiero tener cuidado con lo que digo. Que solo diga cosas buenas, útiles y amables.

¡CUÁN GRANDE!

En Estados Unidos, la gente suele decir la frase *Bless you* [Bendiciones] o *God bless you* [Dios te bendiga] cuando alguien estornuda. Pero en Alemania, dicen *Gesundheit*, y en Italia, *Salute*. Las dos palabras significan «salud». En Nigeria, en el idioma igbo, dicen *ndo*, que significa «perdón». Pero en Corea, ¡nadie dice nada!

¡HOLAAA-AA-AA!

¿Sobre qué están puestos sus cimientos,
o quién puso su piedra angular mientras
cantaban a coro las estrellas matutinas y
todos los ángeles gritaban de alegría?

—JOB 38:6-7

Entrar a una cueva, por más pequeña que sea, es como entrar a otro mundo. Ahora, imagina una cueva tan grande que tenga su propio lago, río, cascada, ¡y hasta una jungla! Eso es lo que encontrarás cuando entres a la Gruta de Han Son Doong en Vietnam. Con más de ocho kilómetros de largo, es la cueva más grande que se conoce en el mundo. Algunas de sus cámaras son tan

grandes que se podría meter toda una manzana de una ciudad... ¡completa con rascacielos de 40 pisos! Una caverna es tan inmensa que un avión modelo Boeing 747 podría pasar volando por en medio. ¡Imagina el eco que hay allí! Y en lugares donde el techo ha cedido, ¡la luz del sol se filtra iluminando las junglas de aspecto prehistórico que crecen a unos 180 metros debajo de la superficie de la Tierra!

Pero quizás lo más increíble es la realidad de que nadie conocía esta maravilla hasta 1991, cuando un hombre de la zona la encontró por casualidad. Después, ¡ni siquiera él pudo encontrarla otra vez por casi 20 años! ¡Dios había creado toda esa belleza y nadie ni siquiera la conocía!

La creatividad de nuestro Dios es infinita. No importa cuánto aprendas sobre Él y este mundo que creó; *siempre* habrá algo nuevo por descubrir. Y si Dios hizo todo eso dentro de una cueva, ¡imagina la maravilla y la belleza que creó dentro de ti!

Señor, ¡las cosas que creaste en esta Tierra me maravillan! ¿Una cueva tan grande que un avión podría pasar volando a través de ella? ¡Vaya! No veo la hora de ver lo que creas en mí y en mi vida.

Hang Son Doong

Hang Son Doong tal vez sea la cueva más grande, pero la más larga es la Cueva del Mamut en Kentucky, Estados Unidos. Hasta ahora, se han explorado más de 640 kilómetros, pero constantemente se descubren nuevas cavernas. Nadie sabe hasta dónde llega esta cueva... ¡excepto Dios, por supuesto!

¿CÓMO LO SABEN?

Porque desde la creación del mundo las cualidades invisibles de Dios, es decir, su eterno poder y su naturaleza divina, se perciben claramente a través de lo que él creó, de modo que nadie tiene excusa.

— ROMANOS 1:20

Los animales nacen sabiendo cómo hacer ciertas cosas. A eso se lo llama *instinto*. Tienen como un conocimiento integrado para sobrevivir. Por ejemplo, las tortugas de mar que acaban de salir del huevo se dirigen al océano *instintivamente...* ¡y saben cómo nadar cuando llegan! Las abejas cuidan su colmena y hacen miel

instintivamente. Las mariposas ponen sus huevos en la clase correcta de plantas *instintivamente.* Las arañas tejen sus redes y los pájaros construyen sus nidos... todo gracias a sus instintos.

Algunas personas dicen que las distintas especies animales fueron desarrollando sus instintos con el tiempo. Pero la verdad es la siguiente: Dios creó a las criaturas del mar y a las aves del aire y a todos los animales que hay en la tierra con los instintos justos que necesitan para sobrevivir en el mundo. ¿Por qué? Para señalarnos a Él. Porque es imposible mirar un animal con todos sus instintos y pensar: *Esto pasó por casualidad.* Verás, Dios quiere que cada uno de nosotros sepa que Él es real, que nos ama más de lo que podríamos entender y que envió a Su Hijo Jesús a abrir un camino para que viviéramos con Él en el cielo para siempre. Pero ¿cómo podría Dios lograr que viéramos todo eso? ¿Cómo podía hacer que entendiéramos cuánto nos ama? Al mostrarnos cómo se ocupa de Su creación. Esas tortugas *saben* para dónde está el agua, esas abejas *saben* cómo hacer miel, y esos pájaros *saben* cómo construir los nidos que necesitan... todo para que tú *sepas* que existe un Dios que siempre te amará y te cuidará.

Señor, cuando miro los animales de este mundo –las arañas que tejen sus redes, los pájaros que construyen sus nidos, las tortugas que nadan– simplemente sé que eres real. Gracias por los ejemplos de tu gloria que encontramos en todo el mundo.

¡CUÁN GRANDE!

Todo animal tiene alguna clase de instinto, incluso los humanos... al menos, cuando somos bebés. Los bebés lloran de manera instintiva cuando tienen hambre o les duele algo. Y si colocas tu dedo o un juguete en la mano del bebé, ¡lo agarra fuerte por instinto!

EL SABOR DE LA VIDA

Que habite en ustedes la palabra
de Cristo con toda su riqueza.

— COLOSENSES 3:16

¿Te gusta la comida picante? Aunque se usan muchas especias diferentes en la comida, la pimienta es una de las más conocidas.

Tal vez te sorprenda enterarte de que los pimientos son frutas. Son primos del tomate, que también es una fruta. Pero no tienen nada que ver con la pimienta negra molida que usamos en la cena. Esa es otra clase de planta completamente

diferente... aunque también es un fruto. (Es más, la pimienta molida viene de una baya llamada *grano de pimienta*. Se cocina y se seca, y después se muele para hacer el polvo al que llamamos «pimienta»).

Los pimientos vienen de todas formas, tamaños y colores... y niveles de picor. El pimiento morrón es dulce, mientras que el chili y el jalapeño son mucho más picantes. Los pimientos se pueden comer solos, crudos o cocidos. A algunos se los seca y se los muele para hacer especias como la paprika. A otros se los corta y se agregan a otras comidas. ¡Hay personas a las que les gusta agregarle un poquito de chile al chocolate caliente! No importa cómo la uses, la pimienta le agrega sabor a tu comida.

Los alimentos nunca son sosos ni desabridos cuando hay un poco de pimienta. Así como sazonas tu comida con pimienta, también puedes agregarle sabor a tu vida con la Palabra de Dios. Nunca es sosa ni desabrida. Jamás se escribió un libro más emocionante. Está lleno de acción y aventuras, héroes y villanos, y la historia de amor más grande de todos los tiempos: el amor de Dios por ti. ¡Vamos! Dale sabor a tu vida con la Palabra.

Señor, gracias por la Biblia, por sus historias, por los ejemplos sobre cómo vivir y, más que nada, por todo lo que me promete de tu parte.

¡CUÁN GRANDE!

Segador de Carolina

Para medir el picor de un pimiento, los científicos usan la Escala Scoville del Picante. Un pimiento morrón tiene 0 unidades en la escala Scoville, mientras que el jalapeño tiene entre 2.500 y 8.000 unidades. El pimiento más picante que se conoce (¡hasta ahora!) es el segador de Carolina, con 1.641.000 unidades. ¡Eso es 200 veces más picante que un jalapeño! Morder uno de esos pimientos puede ser peligroso... ¡incluso mortal!

58

BiEN PEGADiTOS

Vivan en armonía los unos con los otros;
compartan penas y alegrías, practiquen el
amor fraternal, sean compasivos y humildes.

—1 PEDRO 3:8

¿Qué te parece? ¿El coral es una roca o una planta? En realidad, es un animal. Y esa pieza de coral que ves está formada de cientos, incluso miles, de corales individuales llamados *pólipos*, que viven todos juntos. El pólipo solo es blando. Toma el calcio del agua de mar y lo usa para crear un esqueleto duro a su alrededor. A medida que miles de pólipos se unen, forman el armazón que le da al coral su apariencia rocosa.

Además de todos esos pólipos que viven juntos, los arrecifes de coral son el hogar de cientos y miles de criaturas distintas. El coral les ofrece refugio, comida y un lugar para poner sus huevos. Los arrecifes de coral incluso actúan como guarderías infantiles para peces más grandes, al proteger a sus bebés hasta que sean lo suficientemente grandes como para andar por el océano por su cuenta.

El coral sobrevive, y ayuda a otras criaturas a sobrevivir, porque todos esos pequeños pólipos permanecen unidos. De la misma manera nosotros, como hijos de Dios, debemos permanecer juntos. En la Biblia, a esto se lo llama *unidad*. Pero como nosotros no nos *pegamos* los unos a los otros como los pólipos, ¿qué significa la unidad? Primera de Pedro 3:8 nos da algunas pistas. Significa que nos ponemos en el lugar del otro e intentamos entender qué piensa y siente. Significa que somos amables y humildes, y que no nos creemos mejor que nadie. Y sobre todas las cosas, significa que nos amamos en buenos y malos momentos, *especialmente* cuando no estamos de acuerdo. Porque, cuando permanecemos unidos, podemos hacer grandes cosas para nuestro Dios..

Señor, enséñame a vivir y a trabajar con todas las personas que te aman. Juntos, podemos hacer grandes cosas... ¡como trabajar en equipo para hablarles a muchos sobre ti!

¡CUÁN GRANDE!

Australia es el hogar del arrecife de coral más grande del mundo: la Gran Barrera de Coral. Está formada por al menos 2.900 arrecifes más pequeños y se extiende a lo largo de más de 2.500 kilómetros. ¡Es tan gigante que los astronautas pueden verla desde el espacio!

¡ME DEJA HELADO!

Santo, santo, santo es el SEÑOR Todopoderoso;
toda la tierra está llena de su gloria.

— ISAÍAS 6:3

Justo a las afueras de la ciudad de Juneau, en Alaska, hay kilómetro tras kilómetro de glaciares. Uno se llama el Glaciar Mendenhall, y mide más de 19 kilómetros de largo. Por fuera, se parece a cualquier otro glaciar, pero su interior esconde un hermoso secreto. Para encontrarlo, tienes que cruzar el lago Mendenhall a remo con tu kayak (o pasar caminando, si es invierno). Después, debes descender por el hielo hacia el centro del glaciar mismo, ¡así que prepárate para resbalar! Una vez adentro, descubrirás la belleza mágica de las cuevas de hielo del Mendenhall.

Estas *cuevas de hielo* o *cuevas glaciares* se tallaron con las aguas derretidas del glaciar. Cambian constantemente, a medida que el agua se congela, se derrite y se vuelve a congelar. Y a diferencia del blanco encandilador y puro del exterior del glaciar, estas cuevas son de un brillante «azul glaciar». Adentro, parece que estuvieras en un acuario congelado y acuático, más que en una cueva subterránea. ¿Quién habría imaginado que se podía encontrar semejante belleza *dentro* de un pedazo gigante de hielo?

Cueva de hielo del Mendenhall

La belleza de Dios no solo es extraordinaria, sino que se encuentra en los lugares menos probables. Está dentro de cada persona… sí, incluso en esa persona que te resulta difícil y que no te cae bien. Tal vez tengas que esforzarte un poco. Quizás tengas que cruzar remando un lago de malas actitudes o escalar un glaciar de malhumor. Pero si estás dispuesto a buscar y el amor de Dios te guía, encontrarás Su belleza dentro de cada corazón. Sí, incluso adentro de ese.

Querido Dios, gracias por la belleza increíble que veo por todas partes. Por favor, enséñame a buscar la belleza en los demás donde no siempre la veo.

¡CUÁN GRANDE!

¿Sabías que casi el diez por ciento de la Tierra está cubierto de glaciares? ¡Pero esos glaciares almacenan un 75 % de la provisión de agua del mundo!

60

CASI SIN COMBUSTIBLE

Vengan a mí todos ustedes que están cansados
y agobiados, y yo les daré descanso.

— MATEO 11:28

Si miras el cielo nocturno, tal vez observes una luz rojiza y pienses que es Marte, el planeta rojo. Puede ser... o también puede ser una estrella llamada Antares. Antares es una estrella roja supergigante que es unas 700 veces más grande que el sol. Además, es 10.000 veces más brillante.

A Antares la rodea una inmensa nube de polvo metálico color rojizo, y por eso a veces se la confunde con Marte.

Otro hecho interesante sobre Antares es que los científicos creen que un día explotará en una supernova (así se le llama a la explosión de una estrella). Explotará porque se está quedando sin combustible (o sin los gases) que quema.

Región de Antares en la galaxia Vía Láctea

(Recuerda que las estrellas son, en esencia, grandes bolas de gases ardientes).

¿Alguna vez te sientes así? ¿Como si estuvieras a punto de explotar porque se te está terminando el combustible? Tal vez se te acabó la paciencia y tu enojo está a punto de explotar. Quizás tuviste un problema atrás de otro, y ya no soportas más. O tal vez has estado tan ocupado con la escuela, la familia, los amigos, las tareas y las prácticas que te estás por desmayar. Cuando sientas que te estás quedando sin combustible, no explotes. Corre a Dios y permítele que te dé descanso. No solo sueño... aunque eso también es importante. Dios te dará descanso de las preocupaciones y de intentar resolver todo por tu cuenta. Te dará el combustible que necesitas para mantenerte en pie, haciendo lo correcto, y para seguirlo.

Señor, cuando esté demasiado ocupado, recuérdame que me detenga y que pase tiempo contigo.

¡CUÁN GRANDE!

¿Cómo puedes recargar tu combustible con Dios? Separa tiempo a solas para leer Su Palabra, orar o cantar alguna alabanza. O simplemente acomódate y duerme un rato... y permite que el Señor que tanto te ama te cuide.

61

UNA SITUACIÓN PEGAJOSA

Dios demuestra su amor por nosotros
en esto: en que cuando todavía éramos
pecadores, Cristo murió por nosotros.

— ROMANOS 5:8

En septiembre de 2018, la ciudad de Aitoliko, en Grecia, parecía algo salido de una película de terror. Una telaraña gigantesca cubría parte de la ciudad. Medía más de 300 metros de largo y estaba llena de miles de arañas. *¡PUAJ!* En realidad, a esa telaraña gigante la tejió una araña que mide menos de tres centímetros… junto con varios millones de sus amigas. ¿Cuál era la razón para esta red? El clima cálido y húmedo, junto con una sobrepoblación especial de deliciosos mosquitos, hicieron que Aitoliko fuera el lugar ideal para las arañas, y transformó la ciudad en una gran fiesta arañesca, completa con aperitivos. Sin embargo, esta fiesta dejó la hierba, los árboles, los carteles de la calle (prácticamente todo lo que no se movía) cubiertos de una telaraña gruesa y pegajosa. Gracias a Dios, las arañas no eran peligrosas, y la cubierta de telaraña solo duró hasta que el clima refrescó y desaparecieron los mosquitos.

Aunque la manta de telaraña tal vez no esté primera en tu lista de deseos, hay otra clase de cobertura que sí querrás. Es la cobertura del amor de Dios No lo puedes ver, pero te cubre por completo. Y a diferencia de las telas de araña que desaparecen con un cambio de clima o con el toque de un plumero, el amor de Dios se queda, sin importar lo que hagamos. No puedes hacer algo tan terrible que haga que Dios te quite su amor. Y no tienes que hacer nada para ganarte ese amor. Es tuyo y puedes quedártelo... sin ningún compromiso pegajoso.

Gracias, Señor, por la calidez de tu amor. ¡Me cubre mucho mejor que cualquier manta!

¡CUÁN GRANDE!

Están lloviendo... ¿arañas? No pasa demasiado a menudo, pero cuando pasa, es todo un espectáculo. En Australia, millones de arañitas trepan hasta el punto más alto que pueden (como el poste de una cerca o el tallo de una planta), liberan

un poco de telaraña que funciona como una especie de paracaídas y se lanzan al viento. Los australianos lo llaman *lluvia de arañas,* y los científicos lo llaman *vuelo arácnido.* La lluvia de arañas también sucede en Gran Bretaña y Estados Unidos.

ESTÁ TODO EN LAS CEJAS

Una mirada radiante alegra el corazón.

— PROVERBIOS 15:30

Finitas y ligeras o gruesas y pobladas, las cejas no están en su lugar tan solo de adorno. En la práctica, las cejas evitan que el agua y el sudor nos caiga en los ojos. Pero también son excelentes para hablar. ¡Sí, para *hablar*! Piensa en todas las cosas que puedes decir con las cejas. Las dos cejas elevadas le dicen al mundo que estás sorprendido. Una sola ceja levantada informa que sospechas de algo o que no crees del todo lo que alguien te está diciendo. Las dos cejas bajas y fruncidas expresan que probablemente estás enojado, molesto o confundido.

Cuando dices algo sin pronunciar palabra (como cuando levantas las cejas para mostrar sorpresa), eso se llama *comunicación no verbal*. En realidad, puedes tener toda una conversación usando tan solo tu rostro, tu cuerpo y acciones, sin siquiera abrir la boca. Por ejemplo, si estás caminando hacia alguien, ¿qué le estás «diciendo» con tu sonrisa? ¿Y si frunces las cejas? ¿O cuando finges que ni siquiera lo viste? Primera Timoteo 4:12 enseña que debes ser un ejemplo para los demás en tu manera de hablar... ¡eso incluye las conversaciones que tienes sin decir una palabra! Asegúrate de que tu rostro muestre amabilidad con una sonrisa. Muéstrales a los demás que son importantes para ti al mirarlos a los ojos... y que los respetas, ¡al no mirar hacia arriba con desdén! Recuerda: puedes decir mucho sobre ti (y sobre el Dios al cual sirves) sin decir una sola palabra.

Señor, ayúdame a tener cuidado no solo con mis palabras sino también con todas las cosas que expreso sin decir una palabra. Que mi cara y mis acciones le muestren al mundo mi amor... y el tuyo.

Hace falta usar muchos músculos diferentes para hacer todas esas caras serias, sonrientes y graciosas... 43 músculos distintos. Y aunque los científicos no se ponen de acuerdo en si hacen falta más músculos para sonreír o para fruncir el ceño, hay algo en lo que todos podemos estar de acuerdo... ¡una sonrisa es mucho más hermosa que un ceño fruncido!

ESTAMOS JUNTOS EN ESTO

Pues, así como cada uno de nosotros tiene
un solo cuerpo con muchos miembros, y no
todos estos miembros desempeñan la misma
función, también nosotros, siendo muchos,
formamos un solo cuerpo en Cristo, y cada
miembro está unido a todos los demás.

—ROMANOS 12:4-5

Las suricatas son increíbles; en especial, en su manera de trabajar juntas. Estas criaturitas del tamaño de una ardilla viven juntas en grupos llamados *manadas* o *colonias*. No solo trabajan juntas para excavar la madriguera subterránea donde viven, sino que también se limpian las unas a las otras y cazan juntas. Incluso se turnan para cuidar a los bebés y hacer guardia. Pero una de las maneras más increíbles en que trabajan juntas es cuando ataca un depredador. Si no pueden volver a la madriguera, se paran todas juntas, siseando y gruñendo, para que el depredador sepa que se está enfrentando a algo mucho más grande que una simple suricata.

Dios hizo a las suricatas para que trabajen juntas. Y así también nos hizo a nosotros. Cada uno de nosotros tiene habilidades distintas y una tarea diferente para hacer. Y todos somos importantes: desde el predicador hasta el que limpia las ventanas, desde el cantante hasta el que prepara sándwiches. No importa qué te dé Dios para hacer, hazlo con todo el corazón y con todas tus fuerzas. Da gracias por todos los demás que también están haciendo su trabajo. Oren unos por otros, ayúdense y anímense. Porque cuando estamos bajo ataque —por problemas, por la tristeza o por el diablo mismo—, ¡somos más fuertes si permanecemos juntos!

Si alguna vez viste una suricata de pie, tal vez hayas notado que no tienen mucho pelo en la panza. Hasta se les puede ver la piel negra que se asoma. ¡Ese no es ningún accidente! Después de dormir en una madriguera fría (¡los desiertos pueden ponerse helados de noche!), las suricatas salen y absorben los rayos del sol paradas con la pancita mirando al sol. La piel oscura absorbe el calor y las calienta enseguida.

Querido Dios, ayúdame a encontrar mi lugar en tu iglesia y tu reino. Recuérdame que todos son especiales y tienen una tarea importante que hacer para ti.

131

ESPEJITO, ESPEJITO EN LA... ¿SAL?

Dichosos más bien —contestó Jesús— los
que oyen la palabra de Dios y la obedecen.

—LUCAS 11:28

«Espejito, espejito en la pared», dice el cuento de hadas. Pero si estás en el Salar de Uyuni en Sudamérica, no preguntarás sobre espejos en la pared. Esto se debe a que el lugar tiene el espejo natural más grande del mundo. No cuelga de ninguna pared ni está hecho de vidrio. Está hecho de sal.

El Salar de Uyuni es la salina más grande del mundo, con más de diez mil kilómetros cuadrados de desierto. En vez de arena, este desierto tiene sal… al menos diez mil millones de toneladas. Es tan grande y tan blanco que se puede ver desde el espacio. La NASA incluso lo usa para ayudar a posicionar sus satélites. Cuando llueve, el Salar de Uyuni se transforma en el espejo más espectacular, reflejando el cielo. ¡Es difícil ver dónde termina el «espejo» y dónde empieza el cielo!

¡El Salar de Uyuni es un espejo natural increíble! Sin embargo, *tú* puedes ser un espejo incluso más maravilloso. ¿Cómo? Al «reflejar» a Jesús. Tu vida (todo lo que haces y dices) debería estar tan llena de Su amor, Su verdad y Su bondad, que las personas vean a Jesús reflejado en ti. Para algunas personas, el «espejo» de tu vida tal vez sea lo primero que ven de Jesús. Pero para reflejar a Jesús, primero hay que saber cómo es. Lee Su Palabra. Mira cómo vivió. Haz lo que dice… y pronto, reflejarás a Jesús para que todo el mundo pueda verlo.

Señor, que mi vida esté tan llena de tu verdad y tu bondad que, cuando los demás me vean, te vean a ti.

¡CUÁN GRANDE!

Imagina dormir en una cama hecha de… sal. O sentarte en una silla hecha de… sal. En una habitación donde las paredes son todas (ya adivinaste) ¡de sal! El Hotel De Sal Luna Salada y otros hoteles en el Salar de Uyuni están hechos casi completamente de sal, ¡desde las paredes, hasta los techos y los muebles! ¡Pero está totalmente prohibido lamer!

AH, LAS POSIBILIDADES

¡Oh Señor Soberano! Hiciste los cielos y
la tierra con tu mano fuerte y tu brazo
poderoso. ¡Nada es demasiado difícil para ti!

— JEREMÍAS 32:17

Probablemente hayas escuchado que los murciélagos son ciegos, pero no lo son. Es más, algunos murciélagos tienen una vista excelente. Sin embargo, incluso con la mejor de las vistas, es casi imposible encontrar esos miles de insectos voladores pequeñitos que les gusta comer cada noche, *en la oscuridad.* Por eso Dios creó a los murciélagos con una manera especial de escuchar que los ayuda a «ver» en la oscuridad.

Mientras los murciélagos vuelan por los cielos nocturnos, emiten un sonido como un grito, que es tan agudo que los humanos no pueden escucharlo. Ese sonido rebota (o hace *eco*) en los edificios, los árboles y los insectos que los rodean, dándoles una especie de mapa de lo que tienen por delante. Los murciélagos incluso pueden saber el tamaño y la forma de un pequeño mosquito, cuán lejos está y hacia dónde se dirige. Esta habilidad se llama *ecolocalización,* que significa simplemente *localizar* distintas cosas mediante el *eco.* Les da a los murciélagos la habilidad de buscar su cena en la oscuridad. Y ese es apenas un ejemplo de una cosa imposible que Dios hizo posible.

Lo más probable es que no tengas que buscar tu cena en la oscuridad. Si lo haces... ¡espero que no sean insectos! Pero algún día, enfrentarás una tarea imposible. Ahí es cuando es importante recordar que las cosas imposibles se vuelven completamente posibles con Dios. Así que, cuando Dios te pida que hagas algo que te parece imposible (como pararte frente a toda la iglesia para orar, hablarle a tu vecino nuevo de Jesús o perdonar a alguien que te trató mal), no te concentres en la parte imposible. Concéntrate en el Dios que promete darte todo lo que necesitas para hacer lo que te pide... incluso si parece imposible.

Señor, algunas de las cosas que me pides son difíciles. Algunas incluso parecen imposibles. Pero tu Palabra dice que nada es imposible para ti, ¡así que confío en que obrarás a través de mí!

¡CUÁN GRANDE!

Los murciélagos son los únicos mamíferos que pueden volar. Algunos creen que las ardillas voladoras pueden volar, pero en realidad solo pueden saltar desde un árbol y planear hasta otro árbol o hasta el suelo. No pueden volar por su cuenta.

¡TANTO PARA VER!

¿Acaso no lo sabes? ¿Acaso no te has enterado? El Señor es el Dios eterno, creador de los confines de la tierra. No se cansa ni se fatiga, y su inteligencia es insondable.

—ISAÍAS 40:28

Exo **viene de la palabra griega que significa «fuera».** ¿Adivinas qué sería un *exoplaneta*? Es un planeta afuera de nuestro sistema solar que gira alrededor de una estrella, tal como la Tierra gira alrededor del sol. Los primeros exoplanetas se descubrieron en 1992. Ahora, los científicos han encontrado más de 3.000

exoplanetas, y creen que puede haber miles más. Los científicos buscaron los exoplanetas utilizando el telescopio espacial Kepler, que es básicamente un telescopio gigante adherido a una pequeña nave espacial y enviado al espacio. Ya sacaron este telescopio del espacio, pero sus descubrimientos cambiaron la manera en que los científicos miraban el espacio y los planetas que hay en él.

La realidad es que nunca descubriremos todo lo que hay para descubrir en el espacio o el universo ni todas las galaxias y los planetas que contiene. ¡Construir telescopios más grandes tan solo nos da la oportunidad de descubrir más y más! ¿Por qué? Porque este universo ilimitado fue creado por el Dios ilimitado. Isaías 40:28 (NTV) declara: «nadie puede medir la profundidad de su entendimiento»... ni de Su creación. Pero incluso más maravilloso y sorprendente que todas las estrellas del cielo y los exoplanetas del universo es esto: tampoco podemos medir las profundidades de Su amor por cada uno de nosotros.

Querido Dios, cuando miro las estrellas, me asombra este universo que parece no tener fin. Pero más aún me asombra tu amor por mí... y estoy tan agradecido porque sé que jamás se terminará.

¡CUÁN GRANDE!

Los científicos han descubierto una galaxia supermamá. Es un lugar donde nacen estrellas. Lo que la hace tan súper es que da a luz más estrellas nuevas en un día que nuestra Vía Láctea en todo un año. Esta supermamá produce unas 740 estrellas nuevas por año, mientras que la Vía Láctea solo produce una estrella nueva por año. ¡Eso sí que es una súper mamá!

EN UN ABRIR Y CERRAR DE OJOS

Todos seremos transformados, en un instante, en un abrir y cerrar de ojos.

—1 CORINTIOS 15:51-52 NTV

Parpadeo. Parpadeo. Parpadeo. Es algo que hacemos aproximadamente cada dos a diez segundos. Y dura más o menos un tercio de segundo. Es así de rápido, pero es suficiente tiempo para que tu párpado limpie cualquier polvo que puedas tener en el ojo... como si fuera un limpiaparabrisas para el ojo. Además, parpadear recubre tus ojos de lágrimas. Sí, incluso si no estás llorando. Las lágrimas evitan que se te sequen los ojos para que puedas ver con más claridad.

Los científicos han descubierto que solemos parpadear en ciertos momentos. Cuando leemos, parpadeamos al final de una frase. Mientras miramos una película, parpadeamos cuando la acción cambia. Si estamos escuchando a alguien hablar, parpadeamos cuando la persona para y respira. Parpadear le da a nuestro cerebro un pequeño descanso.

¿Alguna vez escuchaste a alguien decir: «en un abrir y cerrar de ojos»? Significa algo que sucederá *muy* rápido. Así de rápido dice la Biblia que todo cambiará cuando Jesús regrese. En un abrir y cerrar de ojos, te llevará a ti y a todos Sus hijos a casa en el cielo. En un abrir y cerrar de ojos, te dará un nuevo corazón que no conocerá la tristeza, y un cuerpo nuevo que nunca se enfermará. Y en un abrir y cerrar de ojos, todo será más maravilloso de lo que podrías imaginar. ¡Estarás con Dios para siempre!

Señor Jesús, por favor, lava todos mis pecados para que, cuando vuelvas, pueda estar contigo en el cielo... en un abrir y cerrar de ojos.

¡CUÁN GRANDE!

¿Por qué no se te oscurece todo cada vez que parpadeas? Porque tu cerebro puede hacer como si no cerraste los ojos, y recordar lo que viste justo antes de cerrarlos. Esto permite que veas el mundo que te rodea sin cortes, en lugar de ver oscuridad cada vez que parpadeas.

TE DIRÉ UNA COSA

Les dijo: «Vayan por todo el mundo y anuncien
las buenas nuevas a toda criatura».

— MARCOS 16:15

Los animales tal vez no tengan el mismo vocabulario que nosotros, pero sí que tienen maneras de comunicar sus mensajes. A veces, usan sus «voces» para ladrar, maullar, sisear o gorjear. Otras, usan su cuerpo para decir lo que quieren expresar. Por ejemplo, cuando una abeja obrera divisa una mata de flores

llenas de néctar, vuela de regreso a la colmena y hace un bailecito para avisar a las demás dónde encontrarlas. El ciervo de cola blanca les advierte a otros ciervos de posibles peligros levantando su cola blanca. Los elefantes dicen: «Me gustas» entrelazando sus trompas, mientras que los gorilas expresan que están enojados sacándote la lengua.

Dios se aseguró de que los animales tuvieran lo necesario para expresarse, y también te dio a ti lo que necesitas para hacerlo. Y las cosas más importantes que Dios quiere que digas son sobre Él: que les digas a los demás cuánto los ama el Señor y cómo pueden llegar al cielo un día. Para hacerlo, Dios te dio una boca para hablar y una mente para armar frases con las palabras, ¡y también te ayudará a saber qué decir! Lo hizo con Moisés, cuando se enfrentó al malvado faraón (Éxodo 4:12), y también promete ayudarte (Lucas 12:12). ¿No te dan ganas de hacer un bailecito?

Señor, quiero hablarle a todo el mundo sobre ti. Por favor, ¡dame las palabras que ayuden a los demás a ver cuán grande eres!

Los perritos de las praderas tienen un vocabulario bastante grande de gemidos y ladridos. Es más, tienen una «palabra» diferente para cada clase de depredador que conocen, incluidos nosotros. Incluso usan distintas «palabras» para describir cómo lucimos, qué ropa tenemos puesta y cuán rápido nos movemos. Así que, si alguna vez una manada de perritos de las praderas se queda mirándote, sí... ¡están hablando de ti!

141

¡DE TODOS COLORES!

Todos ustedes son uno solo en Cristo
Jesús. Y, si ustedes pertenecen a
Cristo, son la descendencia de Abraham
y herederos según la promesa.

—GÁLATAS 3:28-29

Sucede todos los otoños. Las hojas empiezan a caerse. Amarillos y dorados brillantes, rojos gloriosos, incluso anaranjados y violetas radiantes toman el lugar de todo el verde. ¿Por qué sucede esto? ¿Y cómo?

El árbol se está preparando para descansar durante el invierno. Toda la primavera y el verano, sus hojas estuvieron ocupadas haciendo comida, mientras usaban un químico llamado *clorofila*. Ese químico es lo que les da a las hojas su color verde. También hay colores amarillos y anaranjados en las hojas, pero el verde los esconde. En otoño, a medida que los días se vuelven más cortos y frescos, las hojas dejan de fabricar comida, la clorofila (y el verde) desaparece, y el amarillo y el anaranjado se dejan ver. En algunos árboles, hay otros cambios químicos. Así es como obtenemos todos esos magníficos tonos rojos y violetas.

Si miras a tu alrededor en otoño, te darás cuenta de cuánto le gusta el color a Dios. Es más, dondequiera que mires, puedes ver los distintos colores que Él creó: en las flores, en el cielo y hasta en nosotros. ¡Hay tantos colores de cabello, de ojos y de piel! ¡Y son todos tan hermosos! Algunas personas solo quieren amigos que se parezcan a ellos, en su aspecto y su forma de actuar. Eso pone muy triste a Dios, y hasta lo hace enojar. Cuando veas a alguien que no se parece demasiado a ti, recuerda que tienen lo más importante en común: los dos son una creación admirable de Dios (Salmos 139:14).

Querido Dios, cuando vea personas que no se parecen a mí, ayúdame a recordar que, al igual que yo, son tu creación admirable. ¡Gracias por hacernos tan maravillosamente únicos!

¡CUÁN GRANDE!

Las hojas no son las únicas que cambian de color con las estaciones. La liebre polar, el hámster siberiano y el zorro ártico están entre los animales que cambian a un color blanco nevado en invierno... ¡Para esconderse mejor de sus depredadores!

Zorro ártico

DE PRINCIPIO A FIN

«Yo soy el Alfa y la Omega —dice el
Señor Dios—, el que es y que era y que
ha de venir, el Todopoderoso».

—APOCALIPSIS 1:8

Imagina un árbol que estaba vivo cuando Jesús estaba aquí en la Tierra. Mientras Jesús sanaba a los leprosos, el árbol crecía. Cuando Jesús le dijo a la tormenta que se calmara, el árbol crecía. ¡Y hoy *sigue* creciendo!

No encontrarás un solo árbol como ese, sino varios miles de secoyas gigantes que tienen entre dos y tres mil años de edad. ¡Incluso hay varios que se cree que tienen más de cuatro mil años! La secoya gigante (también llamada secoya de Sierra) crece solo en la cadena montañosa de Sierra Nevada en California, Estados Unidos. Estos árboles suelen crecer hasta 75 metros de alto, pero pueden alcanzar los 90 metros y más... ¡más o menos la altura de la Estatua de la Libertad! Y muchos troncos de estos árboles tienen más de 28 metros de circunferencia.

Pero por más antiguos e impresionantes que sean, no se comparan a nuestro Dios. Él siempre estuvo vivo... desde antes del principio del tiempo. Y estará vivo cuando Jesús regrese... y para siempre después de eso. Verás, Dios es *eterno*. No tiene principio ni fin. Siempre ha sido y siempre será. Eso significa que siempre está presente, en cada momento de tu vida. Y *siempre* puedes contar con Él.

Dios, me cuesta entender lo que significa la eternidad. Pero lo que sí entiendo es que estás siempre aquí conmigo. ¡Gracias, Señor!

¡CUÁN GRANDE!

Uno de los árboles más antiguos que se han descubierto se llama el árbol Matusalén. Le pusieron ese nombre por el hombre más viejo de la Biblia (puedes leer sobre él en Génesis 5:21-27). El Matusalén es un gran pino longevo, y se cree que tiene más de 4.800 años.

¿TIENES SED?

El que beba del agua que yo le daré
no volverá a tener sed jamás.

—JUAN 4:14

Como ya sabes, los desiertos son lugares secos. Después de todo, solo reciben 250 milímetros de lluvia al año... ¡o menos! Lo que tal vez no sepas es cuántos animales hacen su hogar en el desierto. Dios les dio a estos animales capacidades increíbles para ayudarlos a sobrevivir en los lugares más secos del mundo.

Algunos, como los escorpiones, los murciélagos y los zorros, son *nocturnos*, lo cual significa que salen de noche, evitando el calor del día que los seca. El pecarí

(un animalito parecido al cerdo) tiene una boca y una barriga especialmente duras. Puede masticar cactus ricos en agua, ¡con espinas afiladas y todo! Y el lagarto diablo espinoso tiene una piel puntiaguda que absorbe agua como una esponja. Puede aplacar su sed con el aire, las gotas de lluvia o incluso charcos de lodo.

Pecarí

¿Te suele dar sed? ¿No de agua, sino de Dios? Un día, Jesús se encontró con una mujer junto a un pozo en Samaria, que tenía sed del amor y el perdón de Dios, aunque todavía no lo sabía. Cuando ella fue a sacar agua del pozo, Jesús le habló de una clase de agua viva que evitaría que volviera a tener sed. Bueno, Jesús no se refería al agua que sale de un pozo o de una canilla. Hablaba del agua viva de Su verdad. Verás, la mujer samaritana tenía sed de Alguien que la amara y la perdonara, a pesar de todos sus errores. Jesús sació su sed con la verdad de que Dios la amaba. Y como la mujer creyó en Él, Jesús le dio el agua viva para que nunca más tuviera sed de Dios (Juan 4:1-42).

¿Tú también tienes sed de estas cosas? Si es así, acércate a Jesús, habla con Él, confía en Él y síguelo. ¡También tiene agua viva para ti!

Señor, sé que eres el Dios de toda la creación. Te amo, tengo sed de ti y siempre te seguiré. Por favor, lléname del agua viva de tu amor.

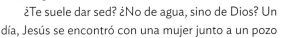

¡CUÁN GRANDE!

La rana que absorbe agua, que vive en Australia, almacena agua en sus tejidos, sus agallas y su vejiga... ¡hasta dos veces su peso corporal! Después, puede vivir hasta cinco años sin beber agua. Cuando tiene sed, simplemente saca agua de la vejiga y la lleva hasta la boca para beberla. ¡PUAJ!

¡PODER EXPLOSIVO!

[El Señor] fortalece al cansado y
acrecienta las fuerzas del débil.

—ISAÍAS 40:29

La razón por la cual no salimos flotando hacia el espacio es algo que se llama *gravedad.* Es una fuerza invisible que atrae a un objeto hacia abajo sobre otro; por ejemplo, la gravedad de la Tierra atrae tus pies y los sostiene abajo. Cuanto más grande es un objeto, más gravedad tiene, así que la Tierra tiene mucha más gravedad que la luna, porque es mucho más grande. Sin embargo, esa misma gravedad que mantiene tus pies en el suelo también mantiene una nave espacial en el suelo. Entonces, ¿cómo *hace* una nave espacial para escapar de la atracción de la gravedad? ¡La respuesta es la potencia de un cohete!

¿Cómo funcionan los cohetes? Piénsalo así: Si inflas un globo y después lo sueltas sin atarle un nudo, ¿qué pasa? Sale disparado por la habitación, ¿no? De la misma manera (pero con mucha más matemática y ciencia), los cohetes están llenos de combustible. Cuando ese combustible arde, crea gases calientes que explotan desde la parte inferior con tanta fuerza que empujan al cohete (y a la nave espacial que va pegada) bien, bien arriba. Ese empuje es tan poderoso que puede desprenderse del tirón de la gravedad hasta que llega al espacio, donde no hay gravedad.

Los cohetes se impulsan por el combustible que llevan en su interior. Es parecido a cómo estás impulsado tú: por el Espíritu Santo que está en tu interior. Verás, cuando te transformas en un hijo de Dios (al creer en Él, obedecerlo y amarlo), Dios envía Su Espíritu Santo a vivir en tu interior (1 Corintios 3:16). El Espíritu es tu ayudador y te enseña más sobre Dios (Juan 14:26), te ayuda a hacer lo correcto (Romanos 8:14) y hasta te ayuda a orar (Romanos 8:26). Él es el poder de Dios dentro de ti, el cual te ayuda a desprenderte con una explosión del tirón del pecado, lanzándote directo a la presencia de Dios.

Señor, gracias por el Espíritu Santo que pusiste en mi interior. Ayúdame a contar con Su poder para impulsarme.

¡CUÁN GRANDE!

¡Los cohetes se inventaron en China hace más de 800 años! Los primeros eran tubos sencillos llenos de pólvora y pegados a un palillo... muy parecido a los fuegos artificiales. Los chinos los usaban en las batallas contra los ejércitos enemigos.

¡ES ROSA!

Ustedes deben amarse los unos a los otros.
De este modo todos sabrán que son mis
discípulos, si se aman los unos a los otros.

— JUAN 13:34-35

¡CUÁN GRANDE!

Imagina estar parado al borde de un lago, mientras sientes la brisa sobre tu rostro y observas la bella agua rosada. Espera… ¿qué? ¿Agua *rosada*? Sí, iasí es! Si estás al borde del lago Retba en Senegal, no estarás mirando aguas azules. En cambio, iel agua es de un brillante rosa chicle!

El lago Retba está separado del Océano Atlántico solo por unas dunas angostas, así que es *muy* salado. No hay mucho que pueda vivir ahí, excepto una bacteria llamada *Dunaliella salina*. Para absorber el sol, este bichito produce un pigmento rojizo… y es ese pigmento lo que le da al lago su color rosa brillante.

¿No es maravilloso cómo un grupo de pequeñas bacterias puede colorear todo un lago? Lo que es incluso más maravilloso es que, al agregar «toquecitos» de Dios y de Su amor a tu día, ipuedes colorear toda tu vida! Apenas te levantes, dale gracias a Dios por el amanecer que hizo, comparte algún versículo bíblico en el desayuno o ayuda a un amigo con su tarea escolar. A medida que compartas pequeñas cosas sobre Dios, Su Palabra y Su amor durante todo el día, iestarás coloreando el mundo con la grandeza de tu Dios!

Mientras el lago Retba es de un rosa chicle, los lagos glaciares de las Montañas Rocosas se destacan en un verde y turquesa brillantes. Obtienen su color de la *harina de roca*. Esta «harina» se crea cuando la roca se va haciendo polvo bajo el movimiento de los glaciares. La harina de roca es tan ligera que flota en el agua, dándole a los lagos sus bellísimos colores.

Señor, muéstrame todas las maneras pequeñas y diferentes en que puedo colorear el mundo con tu amor, tu Palabra y tu grandeza.

151

¿DÓNDE ESTÁ TU TESORO?

Acumulen para sí tesoros en el cielo, donde ni
la polilla ni el óxido carcomen, ni los ladrones
se meten a robar. Porque donde esté tu
tesoro, allí estará también tu corazón.

—MATEO 6:20-21

Quizás no lo sabías, pero hay una ola de crímenes en este mismo momento, tal vez en el mismo patio de tu casa. ¡Así es! ¡Ardillas forajidas están robando las nueces de otras ardillas! Para detener tanto robo, las ardillas del vecindario han empezado a *mentir* sobre sus reservas escondidas. ¡Es verdad! Las ardillas espían a sus compañeras recogedoras de nueces para ver adónde entierran sus tesoros. Después, vuelven y se los roban. ¡Las ardillas pueden perder hasta un 25 % de sus nueces por ladrones que se las roban! Para proteger su comida, algunas ardillas hacen como si estuvieran enterrando una nuez pero, en cambio, se la esconden en la boca. Lo hacen varias veces, para que cualquier ardilla que esté observándolas no sepa en qué hoyo está escondida la nuez en realidad. Las ardillas se toman todo este trabajo porque cuentan con sus nueces para pasar los fríos meses de invierno, en los que es difícil encontrar comida.

¿Con qué cuentas para atravesar momentos difíciles? ¿En un escondite de nueces... es decir, de tesoros? ¿Guardas todas las «cosas» de este mundo y las almacenas para ti solo? Si es así, tal vez termines actuando como una ardillita, yendo y viniendo constantemente, y preocupándote por tus cosas. En vez de acumular todo eso que crees que necesitas, confía en que Dios te dará lo que *verdaderamente* necesitas. Comparte tus tesoros terrenales y concéntrate en acumular tesoros en el cielo. ¿Cómo? Tratando de vivir como Jesús vivió: amando a Dios y haciendo el bien dondequiera que iba. Sé amable. Sé generoso. Comparte esa galleta, comparte tu tiempo y tu amistad, comparte la buena noticia sobre Jesús, y tendrás todas las riquezas que necesites.

Señor, es tan fácil ser egoísta con mi tiempo y mis cosas. Ayúdame a concentrarme en almacenar tesoros en el cielo contigo.

¡CUÁN GRANDE!

A las ardillas les encanta comer bellotas de los robles, y recolectan muchas para mordisquearlas durante el invierno. Pero como las entierran en varios lugares en vez de hacer un solo botín, a veces se olvidan exactamente en dónde las escondieron, y terminan plantando por accidente miles de árboles nuevos cada año. Tal como dice Romanos 8:28, Dios usa todas las cosas para bien... ¡incluso las nueces perdidas!

COMO EL DÍA Y LA NOCHE

Enséñanos a contar bien nuestros días, para
que nuestro corazón adquiera sabiduría.

—SALMOS 90:12

El día y la noche. Simplemente aparecen, y no pensamos demasiado en ellos.
Cuando el sol brilla, es de día, y cuando no está, es de noche, ¿verdad? ¡Sí! Pero
¿qué *hace* que aparezcan el día y la noche? Bueno, todo depende el giro que le
des… a la Tierra, claro.

Aunque no lo sentimos, la Tierra *gira* en el espacio. Como un trompo. A eso
se lo llama *rotación*. Hace un giro completo cada 24 horas… o, para ser exactos,
cada 23 horas, 56 minutos y 4,09 segundos. La parte de la Tierra que mira al sol

tiene día, mientras que la parte que está de espaldas al sol tiene noche. A medida que la Tierra gira, el día se transforma en noche, y la noche en día. Los tiempos en el medio se transforman en nuestra mañana y nuestra tarde. Sí, parece que el sol sale y se pone, pero en realidad, el sol no se mueve; ¡la Tierra es la que se mueve!

Sin embargo, hay algo importante: no importa cuántas horas de luz o de oscuridad haya, tienes la misma cantidad de tiempo cada día que los demás. ¿Qué vas a hacer con esas horas? Porque la cantidad de luz que brilla sobre tu mundo no es tan importante como la cantidad de luz de Dios que *tú* alumbras sobre este mundo. No malgastes ni un momento. De día o de noche, ama a tu prójimo, ama a Dios y dile al mundo cuán maravilloso es Él. ¡Que Su luz brille!

Querido Dios, gracias por la maravilla del día y la noche. Muéstrame cómo alumbrar con tu luz en este mundo.

¡CUÁN GRANDE!

¡Imagina lo que sería no ver el sol durante seis meses! Eso era lo que pasaba todos los años en la pequeña ciudad de Rjukan, en Noruega. Rodeada de montañas, ni un rayito de sol entraba desde septiembre hasta marzo. Entonces, en 2013, la ciudad hizo colocar tres espejos gigantes en la cima de las montañas para captar la luz del sol y reflejarla a la plaza principal. Ahora, ¡los lugareños pueden tomar sol!

ATRÉVETE A SOÑAR

Ningún ojo ha visto, ningún oído ha escuchado,
ninguna mente humana ha concebido lo que
Dios ha preparado para quienes lo aman.

—1 CORINTIOS 2:9

Los científicos están de acuerdo en que todo el mundo sueña. Aun si las personas *dicen* que no sueñan, en realidad, sí sueñan. Simplemente, ¡no se acuerdan! Pero *¿por qué* soñamos? ¡Nadie lo sabe!

Algunos científicos creen que los sueños son una manera de limpiar el cerebro... de ordenar y guardar las cosas que deberías recordar y descartar toda la información extra que no necesitas. Otros creen que los sueños son la manera en que tu cerebro resuelve problemas con los que luchaste durante el día. Y hay otros (aunque esta es una teoría muy aburrida) que piensan que los sueños no tienen ninguna función. Sencillamente suceden, como el parpadeo.

La mayoría de los sueños se producen cuando estás profundamente dormido. Pero algunos sueños suceden cuando estás bien despierto; son fantasías de lo que te gustaría que pasara. Tal vez es ganar un partido importante, ser la estrella de la jugada o transformarte en astronauta. Pero ¿alguna vez sueñas con el cielo? ¿Sobre cómo será? La Biblia nos dice que habrá calles de oro y puertas de piedras preciosas. No habrá más oscuridad ni enfermedad ni tristeza. Tan solo amor, paz y luz. Todo eso será maravilloso. Pero la mejor parte será ver a Jesús cara a cara. Y cuando le perteneces a Dios, ¡ese sí que es un sueño que se volverá realidad!

Señor, gracias por la promesa del cielo, que es un sueño hecho realidad. Hay muchísimas cosas que anhelo ver, pero más que nada, ¡no veo la hora de encontrarme contigo!

¡CUÁN GRANDE!

¿Los animales sueñan? ¡Sí! Si alguna vez observaste cómo un perro «perseguía» algo o le ladraba mientras estaba dormido, ya sabes que es verdad. Muchos otros animales sueñan también, incluidos los gatos, las ratas ¡y hasta los calamares!

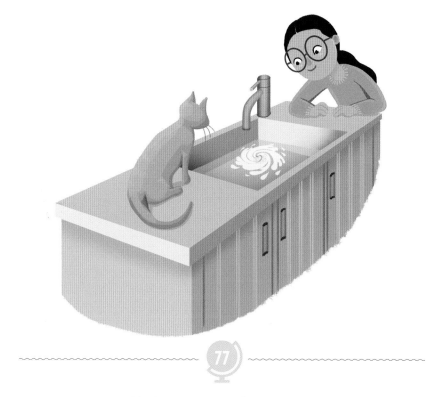

REMOLINOS ARREMOLINADOS

Permanezcan fieles al SEÑOR su Dios.

— JOSUÉ 23:8

Algunas palabras son especialmente buenas para pintar en tu mente una imagen de lo que quieres decir. Por ejemplo, si alguien dice que el agua se arremolinaba, es probable que tengas una idea bastante acertada de lo que hacía. Y seguramente formaba algo parecido a un remolino.

Un *remolino* se parece a un embudo sumergido en el agua. Se forma cuando se encuentran dos corrientes de aguas que van en direcciones opuestas. Los remolinos pueden suceder donde sea que haya agua fluyendo, desde arroyos

Maelstrom Saltstraumen

hasta océanos y hasta en el desagüe de tu bañera. Algunos remolinos giran con tanta rapidez que pueden tragarse algunas cosas. Esos se llaman *vórtices*. La mayoría de los remolinos no son lo suficientemente fuertes como para hacer daño, pero hay una clase que es muy poderosa: el *maelstrom*. El maelstrom más fuerte es el Saltstraumen, cerca de Noruega. Cada seis horas, crea un remolino de hasta diez metros de ancho y cinco metros de profundidad, que gira a cuarenta kilómetros por hora. ¡Los barcos pequeños tienen que detenerse y esperar a que los remolinos dejen de girar antes de poder pasar!

¿Alguna vez te sientes atascado en un remolino? Todo gira a tu alrededor, y sientes que te arrojan de aquí para allá. Cuando eso te suceda, no entres en pánico. Agárrate de Dios y sostente fuertemente. Recuerda todo lo que Él quiere que hagas: amarlo y amar a los demás. Concéntrate en esas cosas y Él te ayudará con el resto. Y no te preocupes… ¡Dios nunca te soltará!

Señor, cuando este mundo se vuelve loco y parece que todo gira fuera de control, quiero aferrarme a ti. ¡Sé que tienes el control de todas las tormentas!

¡CUÁN GRANDE!

En 1870, Julio Verne escribió una historia llamada *Veinte mil leguas de viaje submarino*. Allí, el submarino *Nautilus* es absorbido por un maelstrom letal en la costa de Noruega. En la vida real, un maelstrom no es una amenaza para los barcos grandes, ¡aunque los barcos pesqueros más pequeños tienen que permanecer lejos!

LA GRAN CARRERA ESPACIAL

Tu amor, Señor, llega hasta los cielos;
tu fidelidad alcanza las nubes.

—SALMOS 36:5

Ya has escuchado sobre las carreras de auto y las carreras a pie, pero ¿sabías que hay una carrera espacial? Empezó en la década de 1950, y era una carrera entre Estados Unidos y Rusia, para ver quién llegaba al espacio y a la luna primero. En 1957, los rusos tomaron la delantera al lanzar el primer satélite espacial, el Sputnik 1. Al poco tiempo, enviaron al primer hombre al espacio, Yury Gagarin, en 1961, y a la primera mujer, Valentina Tereshkova, en 1963. Sin embargo, Estados Unidos también se estaba esforzando. Alan B. Shepard Jr. fue el primer estadounidense en el espacio, en 1961. Unos pocos años más tarde, Neil Armstrong, Michael Collins y Buzz Aldrin despegaron en la nave espacial Apolo 11, rumbo a la luna. El 20 de julio de 1969, Neil Amstrong se transformó en el primer hombre en caminar sobre la luna, ¡y Estados Unidos tomó la delantera!

Lanzamiento del Apolo 11

Imagina... Neil Amstrong viajó más de 383.000 kilómetros tan solo para pisar la luna. ¡Qué viaje fascinante! Pero así y todo, no se compara con el viaje que hizo Jesús. Él viajó desde el cielo para pisar la Tierra, vivir como un hombre y morir en una cruz. ¿Para qué? No para ganar una carrera, sino para ganar tu corazón y salvar tu alma. Porque de tal manera te ama. ¿No es sensacional?

Señor, cada vez que mire la luna, recuérdame que tu amor por mí llega aún más lejos que a la luna y de vuelta.

¡CUÁN GRANDE!

Cuando el astronauta Neil Amstrong vio por primera vez la Tierra desde el espacio, dijo: «De repente, me di cuenta de que ese pequeño guisante, tan lindo y azul, era la Tierra. Levanté el pulgar y cerré un ojo, y había tapado el planeta Tierra con el dedo. No me sentí como un gigante. Me sentí muy, muy pequeño». Es verdad. Comparados con la inmensidad del espacio, somos maravillosamente pequeños. Pero a la vez, somos maravillosamente importantes para Dios. Tan solo mira Romanos 8:38-39.

NO ME PUEDES VER

«¿Puede alguien esconderse de mí en algún lugar secreto? ¿Acaso no estoy en todas partes en los cielos y en la tierra?», dice el Señor.

— JEREMÍAS 23:24 NTV

¡Es una jungla ahí afuera! O un océano, o un bosque o... bueno, ya sabes. Es un mundo salvaje cuando eres un animal, porque siempre hay otro animal que cree que te ves delicioso. Por eso, Dios les dio a algunos animales la capacidad de esconderse. Por ejemplo, la oruga barón es verde con delicadas púas que se

mezclan a la perfección con las nervaduras de una hoja. El caballito de mar pigmeo tiene exactamente el mismo color y textura que el coral en donde vive. Es más, ¡ni siquiera sabíamos que existía hasta 1969! Y las alas superiores de la polilla catocala lucen iguales que la corteza de un árbol, lo cual hace que sea prácticamente imposible que un depredador las vea.

Dios les dio a estos animales la capacidad de esconderse. Sin embargo, es imposible esconderse de Dios. Si no me crees, pregúntale a Jonás. Dios le dijo que fuera al este a predicarles a los ninivitas. En cambio, Jonás se subió a un barco y se dirigió al oeste. Dios lo vio. Luego de una fuerte tormenta, de un adiós por la borda y de que algo gigante lo engullera, Jonás se encontró dentro de la barriga de un pez. Y sí, Dios lo vio allí también. (Y Jonás aprendió la lección. Cuando el pez lo escupió, Jonás fue derecho a Nínive). Es imposible esconderse de Dios. Y es algo bueno. Porque Dios no solo te mira, sino que te está cuidando.

Señor, muchas gracias por cuidarme. Nunca quiero intentar esconderme de ti.

¡CUÁN GRANDE!

Con lo alta que es la jirafa, uno pensaría que sobresale... en especial, con todas esas manchas en su piel. Sin embargo, la jirafa está perfectamente camuflada para su ambiente africano. Su altura y sus manchas claras y oscuras se entremezclan con las sombras de los árboles altos, ayudándola a esconderse de depredadores como los leones y las hienas.

¡SÉ LA CHISPA!

Sirvan al Señor con entusiasmo. Alégrense
por la esperanza segura que tenemos.

— ROMANOS 12:11–12 NTV

Las rocas son sensacionales… y útiles. Los constructores construyen con ellas. Los escultores esculpen con ellas. Los joyeros… bueno, tú me entiendes. Pero ¿sabías que hay una roca que puede empezar un incendio? Se llama *pedernal*. Por fuera, es blanca y grumosa, pero cuando se la rompe, parece un vidrio brillante y oscuro. Y es dura. *Muy* dura. Pero por lo que más se la conoce es que, si golpeas dos pedazos (o golpeas uno contra el acero), crea una chispa. Esa chispa puede empezar un fuego.

¿Por qué te conocen los demás? ¿Por tu amor a Dios? Tal vez hayas escuchado a alguno decir que «arde» por Dios. Eso significa que estás tan emocionado por Dios —al amarlo, al recibir Su amor y servirlo— que es como si te salieran «chispas» en todo lo que haces y dices. Esa chispa puede propagarse a otros.

El profeta Elías estaba tan «en llamas» por Dios que desafió a los sacerdotes del dios falso Baal a una confrontación. Dijo que cada uno oraría, y el dios que enviara el primer fuego sería el Dios verdadero. Por supuesto, nuestro Dios, el único Dios verdadero, ganó. Cuando Elías oró, cayó fuego del cielo. ¡Estaba tan caliente que quemó hasta las piedras! (Lee la historia en 1 Reyes 18:20-40). Ese día, Elías fue la chispa, porque defendió a Dios. No tengas miedo de defender a Dios. ¡Sé hoy mismo una chispa!

Querido Señor, úsame para mostrarle a este mundo cuán maravilloso eres.
Déjame ser la chispa que «encienda» a otros para ti.

¡CUÁN GRANDE!

Durante siglos, las personas han utilizado la fuerza del pedernal mediante un proceso llamado *talla lítica,* en el cual las rocas se rompen y se les da alguna forma útil, como una punta afilada. El pedernal tallado se usa para hacer puntas de flecha, cuchillos, taladros y otras herramientas; en Inglaterra, se lo ha usado para construir paredes de piedra.

UAAAAAH

En paz me acuesto y me duermo, porque
solo tú, Señor, me haces vivir confiado.

— SALMOS 4:8

Toda la vida has bostezado, incluso antes de nacer. Pero ¿por qué? Bueno, es un misterio. Los científicos saben *qué* es el bostezo. Es un reflejo involuntario, lo cual significa que no podemos controlarlo. Los bostezos simplemente suceden.

Sin embargo, los científicos no saben por qué lo hacemos. Algunos creen que bostezar enfría el cerebro para que no se recaliente. Otros piensan que es una manera de despertar el cuerpo, porque bostezar hace que el corazón lata más rápido. Y hay otros que creen que sirve para obtener un estímulo extra de oxígeno. Bostezamos cuando tenemos sueño, cuando estamos aburridos y, a veces, sin razón alguna. Es uno de esos misterios maravillosos sobre los cuales tendremos que preguntarle a Dios cuando lleguemos al cielo.

Lo que no es un misterio es la manera en que Dios nos cuida a cada uno de nosotros. ¡Sí, a ti también! Ya sea que tengas sueño, que estés aburrido, que estés bien despierto o en algún lugar en el medio. ¿Qué significa esto para ti? Significa que Dios siempre sabe lo que sucede en tu vida, así que está ahí mismo para celebrar contigo cuando pasan grandes cosas. También está ahí para ayudarte cuando pasan cosas no tan agradables. Y cuando es hora de dormir, te cuida y te protege durante la noche. Como Dios siempre está contigo, no tienes de qué preocuparte. ¡Y eso no es para bostezar!

¡CUÁN GRANDE!

Bostezo. Bostezo. *Bostezo.* ¿Bostezaste? Lo más probable es que hayas bostezado. Esto se debe a que bostezar es contagioso. Cuando ves a alguien bostezar, o incluso ves la palabra *bostezo,* pronto terminarás bostezando. Prueba este experimento. Escribe *bostezo* en un papel y pégalo en tu refrigerador. Después, ¡observa cuántos miembros de tu familia bostezan después de leerlo!

Señor, gracias por la manera en que me cuidas... ¡Ya sea que esté despierto, dormido o bostezando en el medio!

UN VIAJE ALREDEDOR DEL SOL

«Antes de formarte en el vientre,
ya te había elegido».

— JEREMÍAS 1:5

¿Harás algún viaje importante este año? ¿Tal vez unas vacaciones o un viaje para visitar a tus abuelos? Quizás no te des cuenta, pero en realidad, ¡estás haciendo un viaje monstruoso en este mismo momento! ¿Cómo?, preguntarás. Estás en medio de un viaje alrededor del sol. Tan solo una vuelta alrededor de nuestro sol tiene unos 939 millones de kilómetros, y el viaje te llevará todo un año (o 365,242199 días, para ser exactos). Para hacer ese viaje en tan solo un año, viajarás más de 1.600 kilómetros cada 60 segundos. ¡Es como viajar de Nueva York a Florida en el mismo tiempo que lleva mirar un par de anuncios en la televisión!

¡Ese sí que es un viaje importante! Pero ¿sabías qué es lo más grandioso? No lo estás haciendo solo… ni por un segundo. Dios está ahí mismo contigo, a cada momento del viaje. Es más, estaba contigo —conociéndote, amándote y haciendo planes para ti— incluso antes de que nacieras. Sabe absolutamente todo sobre ti. Y sabe lo que este viaje de tu vida tendrá hoy, mañana y en cada viaje alrededor del sol que emprendas. Y como Dios ya conoce el futuro, puede darte exactamente lo que necesitas para estar preparado. ¡*Así* de grande es nuestro Dios!

Querido Señor, gracias por estar conmigo cada momento de este viaje alrededor del sol y por mi vida. ¡Enséñame a ver cuán grande eres!

¡CUÁN GRANDE!

Dios te dará todo lo que necesitas para este viaje alrededor del sol y por la vida. Mira Sus promesas en Jeremías 29:11, Filipenses 1:6 y 4:19. ¡Intenta memorizarlas este año!

AMIGOS PARA SIEMPRE

Ámense unos a otros de la misma
manera en que yo los he amado.

— JUAN 15:12 NTV

Los elefantes son excelentes amigos. En una manada de elefantes, cada uno parece entender lo que los demás sienten. Si un elefante está triste, los demás se acercan y lo consuelan. En general, lo hacen gorjeando suavemente y colocando sus trompas en la boca del elefante triste. Es como una especie de abrazo elefante. (¿No te alegra que *nosotros* no nos abracemos así?). Si un elefante está herido, los demás lo ayudan. Y si uno se ve amenazado por un depredador, como un león, los

otros elefantes forman un círculo a su alrededor y lo defienden. Los elefantes son tan buenos amigos que si se separan (incluso durante años), se acuerdan de los otros y corren a «abrazarse» cuando se vuelven a ver.

Consolarse, ayudarse y protegerse unos a otros… una definición excelente de la amistad, no importa si eres un elefante o no. Jesús lo expresó de esta manera: «Ámense unos a otros de la misma manera en que yo los he amado». Ese es el secreto de obtener y mantener buenos amigos. Cuando un amigo está sufriendo, ofrece consuelo y abrazos. Si un amigo necesita ayuda, ¡ve y ayúdalo! Y si un amigo está bajo ataque (porque chismean contra él, lo intimidan, tiene «amigos» que se comportan como enemigos o simplemente está teniendo un mal día), defiéndelo. Permanezcan unidos. Eso es lo que hacen los amigos. Oren unos por otros y compartan pasajes alentadores de la Palabra de Dios. Ya que estamos, eso es lo que Jesús hace por ti. Él es tu amigo para siempre… ¿y qué podría ser mejor que eso?

Señor, ayúdame a amar, a consolar y a defender a mis amigos, así como tú me amas, me consuelas y me defiendes.

¡CUÁN GRANDE!

Los elefantes son los mamíferos más grandes del mundo. Pueden usar su trompa como un tubo de buceo para nadar, y pueden embestir a casi 40 kilómetros por hora. Son animales increíbles. Sin embargo, hay algo que no pueden hacer. ¡Los elefantes no pueden saltar!

¡UN GRAN LÍO!

Si confesamos nuestros pecados, Dios,
que es fiel y justo, nos los perdonará
y nos limpiará de toda maldad.

—1 JUAN 1:9

En medio del océano Pacífico, hay un lugar desagradable llamado Isla de Basura. Se fue formando a medida que la basura quedó atrapada en las corrientes oceánicas que se arremolinan en una especie de círculo gigante entre Hawái y Japón.

Aunque se la llame Isla de Basura, en realidad se parece más a una sopa de basura, formada por redes de pesca perdidas, bolsas, botellas y pedacitos de plástico. Mide lo mismo que la ciudad de Texas, en Estados Unidos... ¡o quizás es más grande! La isla de basura es peligrosa porque los pájaros, las tortugas y otros animales marinos quedan enredados en la basura o la confunden con comida. Todos los años, mueren allí un millón de aves del mar y 10.000 animales marinos.

Probablemente, nadie lo pensó dos veces antes de tirar esa botella de plástico desde un barco, o la bolsita plástica que se voló con el viento. Son apenas una cosita, después de todo. ¡Pero la Isla de Basura del Océano Pacífico prueba que las pequeñas cosas pueden terminar armando un gran lío! Lo mismo pasa con el pecado. Tal vez no creas que una mentirilla sobre la tarea olvidada es importante. O te parezca que no tiene nada de malo mirar un programa de televisión que todos tus amigos miran, aunque tus padres te dijeron que no lo hicieras. Pero los pequeños pecados, las pequeñas maneras en que participas del mal de este mundo, van sumando. Y cuando te das cuenta, tienes un tremendo lío. Evita ese desastre al evitar el pecado. ¡Es mucho más fácil que intentar limpiar una isla de basura!

Señor, ayúdame a mantenerme alejado de los pequeños pecados, ¡para que pueda evitar los grandes líos!

¡CUÁN GRANDE!

Puedes ayudar a evitar que la isla de basura (y otros puntos de contaminación) se hagan más grandes al no utilizar tantos plásticos descartables como cubiertos, vasos y platos de plástico. Usa bolsas de tela para hacer las compras, en lugar de las de plástico. Consigue una botella de agua reutilizable, en vez de comprar las descartables. Recicla los plásticos tanto como puedas. Porque si todos hacemos pequeñas buenas obras, ¡sumamos grandes mejoras!

LO QUE HACE EL MONO HACE LA MONA

Carguen con mi yugo y aprendan de mí,
pues yo soy apacible y humilde de corazón,
y encontrarán descanso para su alma.

— MATEO 11:29

¿Alguna vez escuchaste la expresión: «Lo que hace el mono hace la mona»? Significa que solemos hacer lo que vemos que hacen los demás. En

realidad, es una buena manera de enseñar... y no solo para los monos. La mamá orangután tiene siempre cerca a sus bebés hasta que tienen unos ocho años de edad, para que la miren y practiquen las habilidades que necesitan para sobrevivir, como por ejemplo, saber qué alimentos son seguros para comer, cómo encontrarlos y cómo construir una guarida. La mamá osa polar les enseña a sus crías cómo mantenerse calentitos en su mundo helado. Y la mamá chita les enseña a sus cachorros a cazar, permitiéndoles observarla en acción. Más adelante, los deja participar de una caza, y poco a poco, les enseña todo lo que necesitan saber para sobrevivir.

Observar y aprender también funciona en nuestro caso, los humanos. Por eso vino Jesús, para que pudiéramos observar y aprender la manera de vivir, de amar y cómo llegar al cielo. Lee tu Biblia, «observa» cómo actuaba Jesús y practica. No te preocupes si te equivocas. Él no se enojará. Siempre está dispuesto a darte otra oportunidad para lograrlo. ¡Porque Jesús es el mejor maestro del mundo!

Jesús, ayúdame a aprender de tu ejemplo, a vivir como tú viviste y amar como tú amas. Quiero parecerme cada día más a ti.

¡CUÁN GRANDE!

No nos sorprende tanto que animales como el orangután y el chita sean buenos padres, pero ¿qué me dices de la pitón? Por más sorprendente que parezca, estas víboras gigantes se quedan con sus huevos (los 40 o 50 que ponen) y los mantienen calentitos hasta que las crías salen del cascarón, unos 53-55 días después. Incluso después de eso, las madres se quedan con sus crías y las protegen durante unas dos semanas. Después de eso, ¡las viboritas quedan solas!

RUM, BA-RUM, ¡BADABÚM!

Cuando él deja oír su voz, rugen las aguas en los cielos; hace que vengan las nubes desde los confines de la tierra. Entre relámpagos hace llover, y saca de sus depósitos al viento.

— JEREMÍAS 10:13

¡BÚM! Las ventanas se sacuden y se te para el corazón. *Rum, ba-rum, ibadabúm!* ¿Qué es ese sonido que ruge y explota? No es una explosión... es un trueno.

Los truenos se producen por los relámpagos. Verás, cuando un relámpago cruza el cielo, calienta el aire a su alrededor, ¡haciéndolo llegar a más de *26.000 grados centígrados!* (¡Eso es más caliente que la superficie del sol!). Cuando se calienta, el aire se va expandiendo poco a poco, lo que quiere decir que ocupa más espacio. Pero cuando hay un relámpago, el aire se calienta y se expande tan rápido que explota en olas que viajan cerca de la velocidad del sonido. Después, el aire caliente se enfría rápido y hace que el aire expandido se contraiga. ¡Ese movimiento tan rápido del aire es lo que crea la explosión!

Si alguna vez observaste cómo empieza una tormenta eléctrica, ya sabes lo poderosa que puede ser. Ahora, ¡piensa en el poder del Dios que creó todo eso! Él es el que controla las tormentas (Job 28:26). Él hace que «vengan las nubes» y «entre relámpagos hace llover». ¡Él es el Dios del trueno! (¡Lo lamento, Thor!). Así que, no importa cuán grande sea la tormenta, cuán a menudo se disparen los relámpagos o cuán fuertes sean los truenos, no tienes por qué tener miedo. El Señor y Creador de todo te está cuidando.

¿Puede caer un rayo en el mismo lugar dos veces? ¡Sí! Cada año, caen más de 1.500 millones de rayos sobre la Tierra. Los lugares altos como los edificios, los postes de luz y los árboles pueden recibir rayos varias veces. Un ejemplo famoso es el edificio Empire State en la ciudad de Nueva York. ¡Le caen rayos aproximadamente 23 veces al año!

Dios mío, cuando vea el poder de los relámpagos, recordaré que tú eres más poderoso aún. Y cuando escuche la explosión de un trueno, recordaré que debo escucharte.

87

PAN COMIDO

Yo soy la luz del mundo. El que me
sigue no andará en tinieblas, sino
que tendrá la luz de la vida.

— JUAN 8:12

¿Alguna vez escuchaste la expresión «pan comido»? Significa que algo será fácil de lograr. Si jugaste a tu videojuego favorito una y otra vez, volver a jugar el primer nivel será fácil... pan comido. Pero hacer algo por primera vez suele ser difícil, como aterrizar sobre la luna. El 25 de mayo de 1961, el presidente John F. Kennedy anunció

su objetivo a diez años de que un estadounidense aterrizara en la luna y volviera a la Tierra a salvo. Esto por fin sucedió el 20 de julio de 1969, pero no sin problemas. Cuando los astronautas Neil Armstrong y Buzz Aldrin empezaron a aterrizar, la computadora a bordo se sobrecargó e hizo disparar una alarma, y la conexión con el centro de control empezó a funcionar mal. Pensaron en cancelar la misión, pero en ese momento, esa opción ya era igual de peligrosa. Para empeorar las cosas, solo tenían suficiente combustible como para un aterrizaje, así que debían hacerlo bien la primera vez. Eso sí que no fue pan comido, pero la misión del Apolo 11 fue un gran éxito para toda la humanidad.

Incluso mejor que la misión de aterrizar en la luna es la misión de seguir a Jesús. La Biblia muestra cómo vivió Jesús y cómo amó a Dios y a los demás. Y cuando hacemos lo mismo que hizo Jesús, estamos cumpliendo Su misión. Dios sabe que tendrás problemas y necesitarás ayuda en el camino, así que no te preocupes... a diferencia del centro de control, tu comunicación con Él nunca fallará. Tu misión tal vez no sea pan comido, pero es la misión más grandiosa de todos los tiempos.

Señor, ayúdame cada día a seguir las pisadas de Jesús... a ayudar como Él, a hablar como Él y amar como Él.

¡CUÁN GRANDE!

Los astronautas de la NASA volverán a la luna pronto... y esta vez, ise quedarán un tiempo! La NASA planea construir una estación espacial llamada Gateway que orbitará la luna. Los astronautas podrán vivir allí mientras exploran y se entrenan en la luna. La estación Gateway tal vez pueda utilizarse para lanzar futuras misiones que lleguen tan lejos como Marte.

88

LO VIEJO VUELVE A SER NUEVO

Porque tanto amó Dios al mundo que dio a su
Hijo unigénito, para que todo el que cree en
él no se pierda, sino que tenga vida eterna.

— JUAN 3:16

Nada en esta Tierra vive para siempre, ¿no? Bueno, no exactamente.
Hay una medusa que prácticamente lo logró. Se la llama la medusa inmortal, o

Turritopsis Dohrnii. (No te preocupes, ¡yo tampoco puedo pronunciarlo!). Es más pequeña que la puntita de tu dedo meñique, y vive en el mar Mediterráneo. Lo increíble sobre esta pequeña medusa es que, si se lastima o se ve amenazada o en peligro de morirse de hambre, se encoge y se transforma en una burbuja pequeña y pegajosa. Y ahí es cuando la cosa se pone *verdaderamente* interesante. Las células adultas de la medusa se transforman en células bebés nuevamente, y en pocos días, ¡es como si acabara de nacer! ¿No es sensacional?

El nombre de la medusa inmortal es un poco engañoso, porque en realidad no es inmortal. No vivirá eternamente, pero si has puesto tu confianza en Jesús, ¡tú sí lo harás! Porque Jesús no vino solo a quitar tus pecados, sino también a darte vida eterna. Y no solo una vida como la que tienes aquí en la Tierra, ¡sino una vida en el cielo con Él! Lo único que te pide es que creas que Jesús es el Hijo de Dios, que lo ames y obedezcas Sus mandamientos. ¡Y hasta promete ayudarte a hacer todas esas cosas! Imagínalo: el cielo, para siempre, con Jesús. Apocalipsis 21 habla un poco sobre cómo será el cielo. Un lugar sin lágrimas, dolor ni muerte. ¡Un lugar donde Dios vivirá con Su pueblo! Realmente, ¡no podría haber nada mejor!

Señor, es difícil incluso imaginarse cuánto dura la eternidad, ¡pero te doy tantas gracias porque voy a poder pasarla en el cielo contigo!

¡CUÁN GRANDE!

La medusa, también llamada «jalea de mar», no está llena de jalea. Tampoco es un pez. En realidad, es una especie de prima del coral. Su cuerpo está formado casi completamente de agua... es un 90% agua. No tiene huesos, ni cerebro ni corazón. Básicamente, es una boca flotante con tentáculos.

¡MIRA AL CIELO!

De día, el Señor iba al frente de ellos en una
columna de nube para indicarles el camino; de
noche, los alumbraba con una columna de fuego.
De ese modo podían viajar de día y de noche.

—ÉXODO 13:21

Las nubes vienen en todas las formas, los colores y los tamaños. Hay nubes blancas y esponjosas, y otras oscuras, sombrías y ruidosas que anuncian tormenta. Todos esos distintos tamaños, colores y formas pueden decirnos mucho sobre el clima que viene.

Las nubes blancas y en forma de pluma se llaman *cirros,* y en general significan que el tiempo cambiará pronto. Los *estratos* son nubes gruesas y grises, que suelen cubrir todo el cielo. Anuncian lluvia o nieve. Esas nubes blancas y esponjosas son *cúmulos,* y significan que habrá buen clima. Así que, si quieres una pista de cómo estará el clima, mira al cielo.

Nubes cirros

Nubes cúmulos

Nubes estratos

En el Antiguo Testamento, los israelitas también miraban al cielo... pero no para ver cómo estaría el clima, sino para buscar guía. Verás, cuando escaparon de la esclavitud en Egipto, Dios los guiaba con una columna de nube. A la noche, aparecía una columna de fuego, para que supieran que el Señor estaba con ellos incluso en medio de la oscuridad.

Habrá momentos en los que no sepas para dónde ir. Ahí es cuando necesitas mirar a Dios, porque Él también te guiará. Probablemente no lo haga con una columna de nube, ¿pero no sería fantástico si lo hiciera? Dios quizás no te muestre cómo saldrá todo (por cierto, no se los mostró a los israelitas), pero sí te mostrará cuál tiene que ser tu próximo paso, y después el siguiente, y el siguiente... todo el camino hasta llegar al cielo. ¿No es sensacional?

Dios, cuando mire hacia arriba y vea las nubes, ayúdame a recordar que siempre tengo que mirarte para que me guíes.

¡CUÁN GRANDE!

Las nubes están formadas de millones y montonazos (una palabra no tan científica que significa «muchísimos») de gotitas de agua que flotan en el aire. ¿Cómo llegaron esas gotitas ahí? Empezaron como vapor de agua, que es invisible y siempre está flotando en el aire. A medida que las temperaturas bajan, el vapor se condensa (o se acumula) en partículas de polvo para formar gotas de agua, que después se unen y forman nubes.

TODO LO QUE NECESITAS

Que el Dios de la esperanza los llene de toda
alegría y paz a ustedes que creen en él.

—ROMANOS 15:13

Las bromelias son plantas exóticas y *fascinantes*. Las más interesantes son las *bromelias tanque,* y viven en la selva tropical. Sus hojas crecen en un círculo cerrado, y forman una especie de copa, o tanque, que recolecta y guarda agua de lluvia. ¡Algunas bromelias son tan grandes que sus tanques pueden almacenar casi 20 litros de agua! Esos tanque de agua se transforman en una especie de mundos en sí mismos, con toda clase de criaturas que viven en su interior... desde hongos hasta algas, insectos, arañas y escorpiones. También puedes encontrar ranas, salamandras y víboras que viven en la piscina de una bromelia. A cambio de su hogar, los animales alimentan a las bromelias con sus desechos. Algunas de las criaturas viven toda su vida dentro de la bromelia. Tiene todo lo que necesitan.

La rana punta de flecha usa las bromelias como una guardería. Cuando se rompen los huevos y salen los renacuajos, la mamá rana los lleva a la bromelia. Pone a cada renacuajo en su propia piscina de agua entre las hojas de la bromelia. Allí, los pequeños mordisquean algas y larvas de insectos mientras nadan en la seguridad de las aguas de la bromelia.

De manera similar, Dios tiene todo lo que necesitas. Cuando confías en Dios, Él se transforma en tu «Dios de la esperanza», lo cual significa que puedes estar seguro de que todas esas cosas buenas que te prometió, como el cielo, se están acercando. Además, confiar en Dios no es como confiar en las personas de este mundo. Incluso las mejores personas no son perfectas y pueden defraudarte a veces. Pero Dios nunca te defrauda. Cumple cada una de Sus promesas. Y una de esas promesas es darte todo lo que necesitas (Filipenses 4:19). ¿No es sensacional?

Señor, eres la fuente de toda cosa buena. Sé que puedo confiar en que me darás todo lo que necesito.

ROCAS Y CORAZONES DERRETIDOS

A los ojos de los israelitas, la gloria
del Señor en la cumbre del monte
parecía un fuego consumidor.

—ÉXODO 24:17

Lava. Es el ingrediente perfecto para una película hollywoodense de desastre. Pero ¿qué es? La lava es magma. *Bueno* —dirás—, ¿y qué es el magma? El magma es roca supercaliente y derretida... tal como la lava. Verás, lo importante es la ubicación. La roca derretida que está bajo tierra se llama magma. Una vez que el magma pasa a estar sobre el suelo, se llama lava. La lava suele salir de un volcán en erupción, pero también puede filtrarse por grietas de la superficie de la tierra.

La lava puede ser espesa y lenta, y moverse apenas algunos centímetros por día, ¡o puede ser tan ligera que caiga por una montaña a más de 50 kilómetros por hora! Todo depende de la cantidad de gas disuelto en la lava y de la pendiente de tierra por la que se mueva. La lava puede estar tan caliente que alcance 1.200 grados centígrados. A medida que esa lava caliente se encuentra con aire frío, empieza a endurecerse y formar una clase de roca llamada ígnea. Las islas hawaianas se formaron a medida que la lava debajo del agua se fue apilando más y más alto hasta que las islas salieron del mar.

Imagina: Dios es tan poderoso que puede derretir las rocas y después usar esas rocas derretidas para hacer islas. Pero es incluso más poderoso y puede derretir nuestro corazón endurecido... con Su amor. Un amor tan grande que hay suficiente para cada persona en la Tierra (2 Pedro 3:9). Un amor tan fuerte que nada puede quitártelo (Romanos 8:38-39). Y un amor tan poderoso que Dios envió a Su propio Hijo, Jesús, a morir para salvarte (1 Juan 4:9). Permite que el amor de Dios derrita tu corazón, y síguelo hoy mismo.

Señor, las cosas difíciles en mi vida pueden hacer que mi corazón parezca endurecerse. Te pido que derritas mi corazón con tu amor fuerte y seguro; ¡te lo entrego entero!

¡CUÁN GRANDE!

Debajo del Parque Nacional Yellowstone, ¡hay un supervolcán que tiene suficiente magma como para llenar el Gran Cañón más de once veces! Pero no te preocupes; los científicos dicen que la probabilidad de que entre en erupción es 1 en 700.000.

¿QUÉ HORA ES?

«Y esta es la señal que te daré para confirmar
lo que te he prometido: Haré que en la
escala de Acaz la sombra del sol retroceda
las diez gradas que ya ha bajado».

—ISAÍAS 38:7-8

Cuando quieres saber qué hora es, ¿miras un reloj o tal vez algún teléfono? Bueno, los antiguos egipcios no tenían estas cosas, así que inventaron un reloj de sol... ¡unos 3.500 años antes de que Jesús naciera! Fue el primer instrumento para medir la hora, y hoy en día todavía se usa. Esta clase de reloj funciona usando las sombras que arroja el sol.

La parte plana de un reloj de sol (llamada *hoja base*) tiene marcas para indicar cada hora de luz. Una pieza llamada *gnomon* sobresale hacia arriba de la base. Los rayos del sol pegan sobre el gnomon y echan sombra sobre una de las marcas en la base. Esa marca te dice qué hora es. A medida que el sol se mueve, la sombra también se mueve, y así siempre puedes saber qué hora es.

Como la Tierra siempre se mueve alrededor del sol en la misma dirección, una sombra (en o fuera de la base de un reloj solar) siempre se mueve en la misma dirección. Bueno, no *siempre*. ¡Hubo una vez en la que no lo hizo! En 2 Reyes 20, leemos la historia de cuando el buen rey Ezequías estaba muy enfermo. Lloró y oró y le rogó a Dios que lo sanara. Por fin, ¡Dios le dijo a Ezequías que viviría quince años más! Pero Ezequías le pidió una señal para probar que esto sería realmente así. Allí cerca, había una gran escalera, y el Señor hizo que la sombra trepara *hacia atrás* diez escalones. Así, Ezequías supo que había recibido una promesa de parte de Dios. ¡Solo nuestro gran Dios podría hacer que una sombra vaya para atrás!

¡CUÁN GRANDE!

El Vrihat Samrat Yantra (que significa «el gran rey de los instrumentos») en Jaipur, India, es el reloj de sol más grande del mundo. Construido en 1738, mide casi 27 metros de altura y tiene una precisión de hasta dos segundos. La sombra se mueve aproximadamente un milímetro (o el grosor de una moneda) por segundo.

Señor, eres maravilloso. No solo hiciste el sol y las sombras, sino que también puedes hacerlas ir hacia atrás. ¡Solo tú puedes hacer algo así de grande!

189

¡GÉRMENES!

«Yo soy el Señor, que les devuelve la salud».

— ÉXODO 15:26

Saliva. Lágrimas. Piel. Moco. Incluso células de sangre especiales. Todas estas cosas trabajan juntas como parte de tu *sistema inmunológico* para combatir los gérmenes.

Los *gérmenes* son pequeños organismos... sí, ¡están vivos! Son tan pequeños que necesitas un microscopio para poder verlos. Los gérmenes atacan constantemente tu cuerpo, intentando meterse por tus ojos o tu nariz, por cualquier corte o raspón, y de muchas otras maneras. Tu sistema inmunológico se esfuerza para combatirlos. Y si un germen te enferma, tu sistema inmunológico lucha y lucha para sanar tu cuerpo.

Mientras Jesús estaba vivo aquí en la Tierra, sanó a muchas personas. Toda clase de enfermos lo buscaban. Un día, cuatro amigos intentaron llevar a un paralítico hasta Jesús. Pero había tanta gente reunida en la casa donde Jesús estaba que ni siquiera pudieron entrar. En vez de darse por vencidos, subieron al techo, hicieron un agujero ¡y bajaron a su amigo hasta colocarlo frente a Jesús! (Lee al respecto en Lucas 5:17-26). Jesús sanó al hombre, pero primero hizo algo más importante. Le dijo: «Tus pecados quedan perdonados». ¿Por qué? Porque la enfermedad del pecado (todo lo malo que hemos hecho) es mucho más grave que cualquier enfermedad del cuerpo. Nuestro cuerpo solo puede enfermarse aquí en la Tierra, pero nuestra alma puede estar enferma de pecado toda la eternidad. Jesús vino a sanarnos de nuestros pecados. Así que, si te das cuenta de que has pecado, sé como aquel hombre y sus amigos, y no permitas que nada te detenga hasta llegar a Jesús. Detente ahí mismo donde estás y pídele que te perdone. Él lo hará. Cada vez que se lo pidas (1 Juan 1:9).

Señor, gracias por todas las maneras en que mantienes mi cuerpo saludable y fuerte. Pero más que nada, gracias por sanarme de la enfermedad del pecado.

¡CUÁN GRANDE!

Las alergias suceden cuando tu sistema inmunológico se confunde. A veces, piensa que ciertas cosas «inofensivas» como el pelo de gato, la mantequilla de maní, los huevos o incluso las flores son gérmenes, y empieza a combatirlas. Ahí es cuando te pican los ojos o te empieza a chorrear la nariz. Gracias a Dios, ¡los médicos han descubierto maneras de decirle al sistema inmunológico que se calme!

¡ESO SÍ QUE ES PODEROSO!

Si tuvieran fe tan pequeña como un grano
de mostaza, podrían decirle a esta montaña:
«Trasládate de aquí para allá», y se trasladaría.
Para ustedes nada sería imposible.

— MATEO 17:20

Cuando te cae una gotita de lluvia en la nariz, lo más probable es que no pienses: ¡Vaya! ¡Esto sí que es poderoso! Pero cuando un montón de agua se junta y cae con fuerza, como en una cascada, es algo increíblemente poderoso.

Las cascadas se crean cuando el agua cae por una pared de roca. Esa pared quizás haya sido tallada por algún arroyo o río que fluye por encima de esa roca y la va desgastando con los años. O tal vez se haya formado por un glaciar (una capa de hielo gigante), que va cortando la roca poco a poco. O quizás se haya creado en un instante por un terremoto, una erupción volcánica o un derrumbe, que hace que grandes pedazos de roca se muevan y caigan de repente. Las cascadas pueden ser apenas un chorrito o una maravilla inmensa y rugiente, como las mundialmente famosas Cataratas del Niágara, ¡donde fluyen casi tres millones de litros de agua por segundo desde la parte más alta! El poder de las cascadas grandes se puede aprovechar para producir electricidad, pero incluso las cascadas más pequeñas tienen el poder de formar el mundo que las rodea.

Se parece un poco a la fe. Cuando crees que Dios es el que dice ser, y que hará todo lo que dice que hará, eso se llama fe. Pero tu fe no tiene por qué ser inmensa, o perfecta, para darle forma al mundo que te rodea. Es más, Jesús dijo que incluso la fe del tamaño de una semilla de mostaza (que mide uno o dos milímetros, o el grosor de una monedita pequeña) es lo suficientemente poderosa como para mover montañas. Esto se debe a que el poder no está en el tamaño de *tu* fe. El poder está en Aquel en quien pones tu fe. Y Dios puede tomar una fe del tamaño de una semilla de mostaza (o de una gotita de lluvia) y transformarla en

una cascada rugiente y caudalosa que tiene el poder de transformarte a ti y al mundo que te rodea. Ahora, ¡eso sí que es poderoso!

Señor, creo que puedes mover las montañas de mi vida. Por favor, ayúdame a tener fe en tu poder increíble.

Salto Ángel, Venezuela

¡CUÁN GRANDE!

La cascada más alta del mundo es el Salto Ángel, en Venezuela. Mide 979 metros de altura... ¡eso es más alto que tres torres Eiffel apiladas una arriba de la otra! Pero las más grandes son las Cataratas de Khone, en el país de Laos. Miden más de 10.600 metros de ancho, ¡y de su parte superior fluyen más de nueve millones de litros de agua por segundo!

HASTA LAS NARICES

No hagan nada por egoísmo o vanidad; más bien, con humildad consideren a los demás como superiores a ustedes mismos.

— FILIPENSES 2:3

Grandes o pequeñas, ganchudas o puntiagudas, las narices vienen en todas las formas y los tamaños... en especial, las narices de los animales. Y no son solo para respirar u oler. ¡También sirven para excavar! Sí, *excavar*. Bueno, si eres un topo. Verás, el topo es prácticamente ciego. Pero tiene unos «dedos» especiales en la nariz que lo ayudan a «ver» en la guarida subterránea donde vive. Esos «dedos» también le ayudan a cavar y construir su madriguera, al aflojar la tierra que tiene en frente, la cual el topo después saca con sus garras. ¿No te alegra no tener que cavar un lugar para vivir con tu nariz?

Aunque tu nariz no sirve demasiado para cavar, también puede hacer distintas tareas... desde oler y respirar, ¡hasta sostener tus gafas de sol! Sin embargo, hay algo para lo cual nunca deberías usar tu nariz: para levantarla con desprecio ante los demás. Romanos 12:16 nos advierte que no seamos demasiado orgullosos como para mostrar bondad a otros. Tampoco tenemos que andar por ahí pensando que somos más inteligentes que los demás. En cambio, tenemos que ser humildes y tratar a otros como si fueran mejores que nosotros (Filipenses 2:3). Es lo que hizo Jesús. Él era el Hijo de Dios, pero tocó a los leprosos, habló con cobradores de impuestos, ¡y hasta les lavó los pies a Sus discípulos! Jesús era perfecto, pero no levantó la nariz para despreciar a nadie... ¡y tú tampoco deberías hacerlo!

Señor, me diste este regalo de la vida. Por favor, enséñame a hacer que mi vida sea un regalo para ti y para los que me rodean.

¡CUÁN GRANDE!

El topo de nariz estrellada tiene una nariz que parece... bueno, ¡una estrella! Los 22 «dedos» que tiene alrededor de la nariz hacen que parezca una estrella puntiaguda. Pero esos deditos son tan sensibles que pueden percibir cuando un terremoto o una erupción volcánica está por suceder. ¡Eso sí que es saber meter la nariz!

DISFRUTA DE SU LUZ

El Señor está cerca de quienes lo invocan,
de quienes lo invocan en verdad.

—SALMOS 145:18

Seguramente has escuchado hablar de amigos o historias imaginarios, ¿no? Pero ¿sabías que hay una línea imaginaria alrededor de la Tierra? Se llama ecuador, y rodea el centro de la Tierra, como un cinturón, a mitad de camino entre los Polos Norte y Sur. ¡Es un cinturón que mide unos 40.000 kilómetros! Como la Tierra es redonda y está un poco inclinada en el espacio, los rayos del sol caen directo sobre el ecuador. Eso hace que el clima sea cálido allí todo el año. Los Polos Norte y Sur no reciben tantos rayos del sol, así que allí siempre hace mucho más frío.

Con todo ese sol, el clima en el ecuador es caluroso... aunque no tanto como pensarías. En la mayoría de los lugares, «solo» hacen entre 20 y 30 grados centígrados. Sin embargo, el ecuador recibe unos 2.000 milímetros de lluvia por año, lo cual hace que el aire se llene de humedad y que parezca que hace mucho más calor.

El ecuador es bien distinto del resto de la Tierra, porque recibe la mayor cantidad de sol. De la misma manera, cuando recibes más del brillante Jesús, eres bien distinto del resto del mundo. ¡Eso es maravilloso! Pero ¿cómo recibes más de Jesús? Fácil... pasando tiempo con Él. Siéntate con Él. Háblale. La Biblia promete que si te acercas a Él, Él también se acercará a ti (Santiago 4:8). Así que ve a caminar, habla con Jesús y disfruta de Su luz.

Jesús, quiero absorber tanto de tu luz como pueda. Enséñale a mi corazón a amarte más y más cada día.

¡CUÁN GRANDE!

Cuanto más alto vas, más fría se pone la temperatura... Incluso en el ecuador. Pero ¿sabías que si subes hasta la cima de las montañas cerca del ecuador, puedes encontrar nieve? Y en el monte Kilimanjaro en Tanzania, a unos 320 kilómetros al sur del ecuador, ¡incluso se puede encontrar hielo!

Monte Kilimanjaro

EL PODER DE LA SANGRE

Pero, si vivimos en la luz, así como
él está en la luz, tenemos comunión
unos con otros, y la sangre de su Hijo
Jesucristo nos limpia de todo pecado.

—1 JUAN 1:7

Sangre. Algunas personas se desmayan al verla, ¡pero sería imposible vivir sin ella! La sangre está formada de glóbulos rojos y blancos, que flotan en un líquido llamado *plasma*.

Los glóbulos rojos son una especie de sistema de reparto. Llevan oxígeno y otros nutrientes a todas las células de tu cuerpo, y después se llevan todos los desechos, como el dióxido de carbono. Tu corazón bombea la sangre por todo el cuerpo. Es un músculo muy fuerte y rápido... ¡puede bombear sangre a todas las células de tu cuerpo en menos de un minuto! La sangre viaja por tubos llamados *vasos sanguíneos.* Los vasos que llevan sangre desde tu corazón se llaman *arterias,* mientras que los que la devuelven al corazón se llaman *venas.* Los glóbulos blancos son células guerreras. Trabajan junto con tu sistema inmunológico (mira la página 190) para combatir los gérmenes y las enfermedades.

¡Tu sangre es poderosa e importante! Pero la sangre de Jesús es incluso más poderosa. Como es el Hijo de Dios, vivió una vida perfecta y nunca pecó (ni siquiera una vez), Su sangre puede llevarse tus pecados y darte el perdón que necesitas para vivir para siempre con Dios. Lo único que tienes que hacer es creerle y obedecerle. Cuando Jesús entregó Su vida por ti en la cruz, fue algo terrible y a la vez hermoso... terrible por cómo hirieron a Jesús, pero hermosísimo por el regalo de amor, perdón y cielo que nos dio a ti y a mí.

Señor, es difícil pensar en la muerte de Jesús en la cruz, y lamento muchí-simo todo lo que sufrió. Pero estoy muy agradecido por Su sangre que lava mis pecados.

¡CUÁN GRANDE!

Las *plaquetas* son otra parte muy importante de tu sangre. Cuando te cortas o te raspas, estos pequeñitos se ponen en acción, uniéndose para detener el flujo de sangre... eso se llama *coagulación*. No solo mantienen la sangre dentro del cuerpo, ¡sino que también dejan afuera a los gérmenes!

NADA DE PAYASADAS

El Señor es fiel, y él los fortalecerá
y los protegerá del maligno.

—2 TESALONICENSES 3:3

En los últimos años, el pez payaso se transformó en una estrella del cine. Pero este pequeñín merece su fama. Hace su hogar entre los tentáculos de la anémona de mar. La anémona parece una flor submarina, pero en realidad es un animal, ¡con tentáculos venenosos y punzantes! Así es, el pez payaso vive en un mundo de veneno. ¿Cómo sobrevive? Dios le dio al pez payaso una capa

especial de mucosa sobre su piel, que lo protege de los pinchazos de la anémona. Y ¿sabes algo más? El pez payaso ayuda a la anémona, manteniéndola limpia y espantando a cualquier depredador que quiera almorzársela.

En realidad, *tú* te pareces mucho al pez payaso. No, no quiero decir que tengas rayas naranjas y negras. Pero sí vives en un mundo venenoso que está lleno de pecado, y con tentaciones para que peques. Sin embargo, cuando te transformas en un hijo de Dios, Él te protege del veneno. No solo te ayuda a permanecer fuerte contra los males de este mundo, sino que también te protege del maligno (2 Tesalonicenses 3:3), pelea por ti (Deuteronomio 20:4) y te promete que el diablo jamás podrá arrebatarnos de Su mano (Juan 10:28). Genial, ¿no?

Ah, y también te pareces al pez payaso de otra manera. Tú también puedes limpiar tu mundo venenoso, al compartir el mensaje de todo lo que Dios puede hacer.

Señor, gracias por protegerme de los venenos de este mundo. Por favor, ayúdame a hacer mi parte para limpiarlo.

¡CUÁN GRANDE!

Cuando el pez payaso percula está buscando una anémona para hacer su hogar, no se mete así sin más. Primero, hace un bailecito para presentarse. Después, toca con mucho cuidado los tentáculos punzantes, primero con sus aletas y después con otras partes de su cuerpo, y se va acostumbrando a los pinchazos de la anémona.

RÍOS DE VIDA

Bendito el hombre que confía en el Señor
y pone su confianza en él. Será como
un árbol plantado junto al agua, que
extiende sus raíces hacia la corriente.

— JEREMÍAS 17:7-8

Nadamos en ellos, andamos en bote sobre ellos, bebemos de ellos y hasta obtenemos electricidad de ellos. ¿Qué son? ¡Ríos! Hay 165 ríos importantes en todo el mundo... y miles y miles de otros más pequeños. Hay unos

250.000 ríos en Estados Unidos solamente. Si unieras sus longitudes, sumarían más de 5.600.000 kilómetros. ¡Eso es suficiente como para llegar a la luna y volver siete veces!

Un río es una corriente de agua —en general, bastante grande— que fluye por la tierra y le da vida. En la antigüedad, muchas de las ciudades y pueblos se establecían cerca de un río, porque son importantísimos para la vida. ¡Incluso había un río en el jardín del Edén (Génesis 2:10)! Los ríos les proveen a las personas agua para beber y lavarse, así como peces y otros alimentos para comer. Fueron las primeras autopistas, al brindar una manera fácil de viajar. Hoy en día, muchas ciudades y pueblos siguen ubicados cerca de ríos. Aunque los ríos son solo una pequeña fracción del total del agua de la Tierra, Dios los usa en formas poderosas para proveer vida para Su creación.

Así como los ríos le dan vida a la tierra, Dios también da vida a Su pueblo. Y tal como el agua fluye por un río, la paz de Dios fluirá a través de ti cuando confíes en Él y lo sigas. Su paz es más que un sentimiento cálido y reconfortante. Es la fuerza para seguir adelante cuando estás cansado. Es la valentía para hacer lo correcto... aun si nadie más lo hace. La paz es saber que Dios siempre estará ahí para ayudarte, guiarte y darte lo que necesitas para que no dejes de seguirlo.

Señor, permite que tu paz —tu fortaleza, tu valentía y tu amor— fluya a través de toda mi vida, tal como el agua fluye por un río.

¡CUÁN GRANDE!

Río Nilo

El río Nilo, en África, es el río más largo del mundo, con más de 6.700 kilómetros de largo. El río Amazonas, en Sudamérica, es el segundo más largo, con casi 6.500 kilómetros de largo. Compara eso con el río Mississippi, en Estados Unidos, que «solo» mide unos 3.700 kilómetros de largo.

NO TE DUERMAS

Por lo tanto, manténganse despiertos,
porque no saben qué día vendrá su Señor.

—MATEO 24:42

Si alguna vez te acurrucaste bajo las cobijas para dormir una siesta un día de frío, tal vez te hayan acusado de estar hibernando. Pero no es exactamente lo mismo. La hibernación es bien distinta de dormir una siesta. Es una manera de permanecer con vida. Verás, en invierno, cuando las temperaturas son frías y la comida es difícil de encontrar, los animales se mudan a algún

lugar más cálido y con más comida (algo que se llama *migración*) o se quedan donde están. Algunos animales que se quedan hibernan para necesitar menos comida y calor para sobrevivir. Hay animales (como las ardillas terrestres) que encuentran un lugar seguro y no se mueven hasta que vuelve el clima más cálido. ¡Apenas si respiran! Otros, como los osos y los zorrillos, se despiertan de vez en cuando, y hasta salen a caminar un poco o a comer algún bocadillo.

A veces, este mundo se pone frío. No me refiero a la temperatura, sino a lo dura que puede ser la vida. Y hay días en los que sería lindo quedarse escondido en la cama. Pero no podemos hacerlo. Nuestra tarea, como seguidores de Jesús, es salir al mundo y hablar de Jesús, y mostrar cuánto ama el Señor a cada persona (Mateo 28:19-20). Hay muchas personas que no saben nada de Jesús y de lo maravilloso que es, así que no es momento de hibernar mientras tenemos trabajo por hacer. ¡Haz algo bueno, di algo amable y ayuda al que lo necesite en cada oportunidad que tengas (Efesios 5:16)!

Querido Dios, sé que Jesús regresará algún día. Ayúdame a estar preparado, y a vivir de una manera que haga que los demás también quieran conocerlo.

Los animales hibernan de maneras sorprendentes. Algunas especies de víboras se reúnen en grupos de cientos, incluso miles, para mantenerse calentitas. Las tortugas acuáticas se entierran en el lodo, en el fondo de una laguna, mientras que las tortugas terrestres lo hacen en la tierra para hibernar. Los caracoles se recubren de mucosa antes de enterrarse. Incluso recubren su caparazón con mucosa, para que nadie entre durante los meses fríos.

ÍNDICE

LOUIE GIGLIO es el pastor de la iglesia Passion City, y el visionario original del movimiento Passion, que existe para llamar a una generación a utilizar sus vidas para hacer famoso a Jesús. Desde 1997, Passion ha reunido a jóvenes de edad universitaria en eventos en todo Estados Unidos y por el mundo, y sigue viendo cómo personas de entre 18 y 25 años llenan localidades en toda la nación. Hace poco, Passion recibió a 40.000 estudiantes universitarios y sus líderes en cuatro centros de reunión unidos a lo largo de tres ciudades, en Passion 2019. Además de las conferencias de Passion, Louie y su esposa, Shelley, lideran los equipos en la iglesia Passion City, sixstepsrecords, Pashion Publishing y el Instituto Global Passion. Louie es el autor de los *best sellers Not Forsaken* [No estás abandonado], *Goliat debe caer, Indescriptible: 100 devocionales sobre Dios y la ciencia,* y *The Comeback* [El regreso]. Louie y Shelley viven en Atlanta, Georgia, en Estados Unidos.

NICOLA ANDERSON ha sido ilustradora y diseñadora gráfica desde que pudo sostener un crayón en sus manos, pero trabaja profesionalmente desde 2001. Después de muchos años de trabajo en la industria del diseño, ahora crea mundos imaginarios desde su estudio en casa, AndoTwin Studio, en Manchester, Reino Unido. Durante este tiempo, ha trabajado con una gran variedad de clientes, ¡y ha disfrutado cada minuto!

Cuán grande es nuestro Dios
© 2020 por Grupo Nelson®
Publicado en Nashville, Tennessee, Estados Unidos de América. Grupo Nelson es una marca registrada de Thomas Nelson. www.gruponelson.com

Título en inglés: *How Great Is Our God*
© 2019 por Louie Giglio
Publicado por Tommy Nelson, un sello de Thomas Nelson. Thomas Nelson es una marca registrada de Harper-Collins Christian Publishing, Inc.

A menos que se indique lo contrario, todos los textos bíblicos han sido tomados de la Santa Biblia, Nueva Versión Internacional® NVI®. Copyright © 1999, 2015 por Biblica, Inc.® Usada con permiso de Biblica, Inc.® Reservados todos los derechos en todo el mundo.

Las citas bíblicas marcadas «ntv» son de la Nueva Traducción Viviente, © Tyndale House Foundation, 2010. Usada con permiso de Tyndale House Publishers, Inc., 351 Executive Dr., Carol Stream, IL 60188, Estados Unidos de América. Todos los derechos reservados.

Las citas bíblicas marcadas «tla» son de la Traducción en Lenguaje Actual © 2000 por Sociedades Bíblicas Unidas. Usada con permiso.

A menos que se indique lo contrario las imágenes corresponden a © Shutterstock. La Nebulosa cabeza de bruja, pág. 23 NASA/STScl. Estudio digitalizado del cielo, procesado en una imagen a color por Noel Carboni. Págs. 71, 93, 105, 127 y 205, imágenes de © iStock.

Editora en Jefe: *Graciela Lelli*
Traducción: *Gabriela De Francesco*
Adaptación del diseño al español: *Mauricio Diaz.*

ISBN: 978-0-82974-232-9

Impreso en Tailandia

22 23 24 25 Imago 9 8 7 6 5 4 3